あゆみの箱事務局長
野田洋典

あゆみの箱

芸能人が始めたボランティア

KTC
中央出版

あゆみの箱

芸能人が始めたボランティア

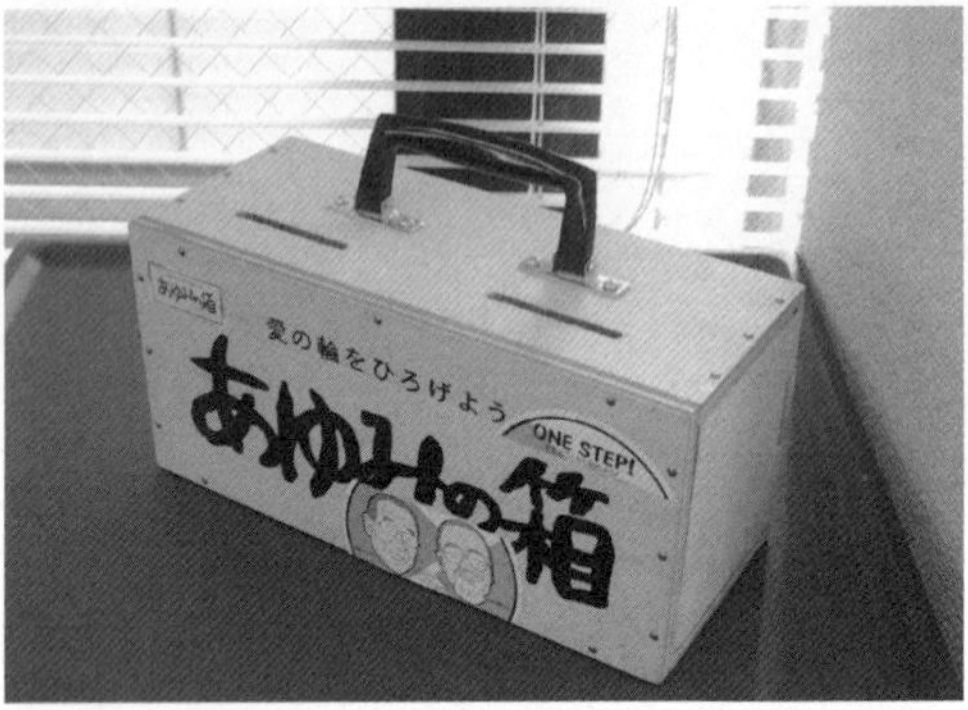

あゆみの箱の書体について

「あゆみの箱」の文字は、個性的で力強いものを感じるとよく言われますが、この文字は池田恵子さんという女性の方がお書きになったものです。

あゆみの箱運動が始まって直後、昭和40年、伴、森繁の二人が、フジテレビ朝のワイドショウ「小川宏ショウ」で、呼びかけたのです。そして、その応募された中から、選ばれました。

池田さんは当時12歳。大分県別府市にある別府整肢園（肢体不自由児収容施設）におられました。不自由な手でクレパスを握って思い切り書いた——と、言われたそうです。

その後、一度、「ご対面」というテレビ番組で伴さんと会いました。私も、付き人としてついて行きました。先生は、顔がぐしゃぐしゃになるほど、泣いていました。

彼女は、そのとき、福岡市にある会社に、キーパンチャーとして働いているとのことでした。とても明るい、きれいな人でした。

彼女が書いたこの文字は全国各地を席巻し、遠く海の向こう側、ブラジル、アメリカ、ハワイまで行ったのです。

「あゆみの箱」の文字（書体）は、特許庁にしっかりと登録されています。(野田)

この本を手にしてくださった方へ

あゆみの箱は、二〇〇二年、四〇周年を迎えました。この間、全国から一八億八〇〇〇万円の募金が寄せられ、心身障害児（者）への援助の橋渡しを行ってきました。街頭や店頭の箱に募金してくださった方々への感謝は一言では述べ尽くせません。あゆみの箱は、チャリティと募金の協力者のお力によって四〇年間、その歩みが止まらずに来られました。ありがとうございました。

筆者は、その四〇年間のうちの三七年間をあゆみの箱に身を捧げ、そしてあゆみの箱に私自身が生かされてきました。

あゆみの箱を語ろうとすれば、いったいどこからどんなことをどんなふうに語ればいいのか。あゆみの箱は、私個人にとっては、外向きには「私の生きる世界」であり、内向きには「私の体の一部」です。本書第1部では私の生い立ちとあゆみの箱との出会いを記し、第2部では、思い出すがままに、私の「外」と「内」を語りました。

もともと、あゆみの箱のすべてを記録したオフィシャルな資料をつくることは私個人ではできません。それでも、自分自身のことを語れば、あゆみの箱の記録の一端になるのではないかと考え、「私のあゆみの箱」という形で、四〇周年を期に非力ながら記録を試みました。どうかそんな事情を汲み取って読んでください。そうでなければ、遺漏・偏り・不正確の誹りを免れません。

本書のあちこちで、あゆみの箱の衰退についての嘆きや今後の不安の吐息が洩れています。と同時に、「この灯を消すな」との強い思いに、自分自身に「がんばれ、がんばれ」と励ましの声をあげています。

四〇周年を期に、何とかあゆみの箱の存在意義を今いちど世間に訴え、必要とする人たちの力になることが、これからの私の使命かと思っています。どうか、至らぬ所ばかりだった私の赤裸々な告白に、お叱りの言葉をください。そして願わくば、変わらぬご支援をくださいますよう、お願い申し上げます。

四〇周年の年　盛夏

もくじ

第2部「あゆみの箱と私」を語ろう

ごめんなさいね、野田さん！

黒柳徹子

森繁久彌さんや伴淳三郎さんに誘われて、「あゆみの箱」と手書きされた木の箱を持って、銀座四丁目の角で「募金をお願いします」と大声を張り上げたのが一番最初だった。四十年くらい前だった。

なぜかそのとき、三木のり平さんや、古今亭志ん朝さんが一緒だった。「芸能人が力をあわせて心身障害児のために働くのです」と、伴淳さんが大きい声で説明した。これがはじまりだった。

まだ若かった私は、体に障害を持った子どもたちの施設へ行って、お掃除をしたり、一緒に遊んだりした。私は、トットちゃんの学校で体に障害を持った子どもたちと一緒に勉強していたから、そういう子どもたちとは知り合いだった。

でも、あゆみの箱をやることになって、重症の子どもたちと、はじめて知り合った。チャリティショウをやったときに、最前列にいた脳性麻痺で十歳くらいの男の子だったけど、舞台を見たいのに、どうしても首がうしろのほうに回ってしまう。隣のお母さんが首を押さえているのだけれども、舞台のほうにどうしても首が向かないで、うしろのほうに回ってしまう。でも、目だけは必死で舞台を見ようとするために、あまりに苦しそうで、舞台の上から見ていて私も苦しくなった。

筋萎縮症で、あと一年くらいの命といわれていた男の子が、どうしてもチャリティショウの舞台でドラムを叩きたいといった。みんなで手分けをして、ドラムの第一人者ジョージ川口さんにお願いして、その子とジョージ川口さんと二人のドラム合戦をやったりもした。

本当にあのころは、みんなが手分けをして、自分たちで出演者も全部交渉した。また、チャリティショウのとき、売店で売るものは、どこかからタダで貰ってきて売ればいい、ということを思いつき、私は、通り掛かりのパン屋さんで「このパンはどこで仕入れてくるのですか」と聞いたら、山崎パンだといったので、場所を聞いて、山崎パンに電話をして、社長さんにお会いした。お忙しい社長さんは親切に会って下さって、お願いすると、「私も若いとき苦労したので、みんなの気持ちがよくわかります」といって気持ちよく、売店で売るパンを山のようにくださった。

また、道を歩いていて上を見たら、雪印のアイスクリームという看板が出ていたので、アイスクリームも売店で売れるかもしれないと思い、宣伝部にいきなり訪ねていって、「すいませんけどアイスクリームください」といって、ものすごい数のアイスクリームをいただいたりもした。

いま考えてみると無謀のようだけれども、みなさんも、本当によく協力してくださったと思う。みんな、それぞれ自分の知っている限りの知り合いを、つてを求めて、いろんなものをタダでいただいて、当日それを売って、それも募金の足しにした。

とにかく、出演する芸能人も、出演しない芸能人も、そして切符を買って来てくださる方も、みんな一緒だった。あんなに盛り上がったことはないと思うくらい、いつもチャリティショウは盛り上がった。そして、必ず坂本九ちゃんが一番最後に歌を歌った。その歌は「ともだち」に決まっていた。

伴淳さんが亡くなるときに一番心残りだったのは、あゆみの箱のことではないかと私は何度も思った。私はこのごろ、ユニセフ親善大使の仕事をすることになり、世界中の助けを必要としている子どものところに行ったりしているので、あゆみの箱のことも、あまりお手伝いは出来なくなったけれども、心はいつも、みんなと一緒にある。

そして何よりも、三十七年間も、私が心から信頼してる野田さんがいるので安心、頼り切ってしまっている。

ごめんなさいね、野田さん！

芸能人たちが、自分たちの名前を利用して、何か人のために尽くすこと、これは本当に必要で、やるべきことだと昔から思っている。だから、四十年も前にそれを考えた、伴淳三郎さんと森繁さんは、本当に凄いと思う。

野田さんが本を書くというので、記憶のいい野田さんだし、心から人間を愛し、信じ、身を粉にして走りまわっている野田さんにしか書けない本が出来ることと、心からいい本が出来ることを祈っている。

ずいぶん、いろんな方が亡くなって、寂しくもなったけれど、また新しい人たちが出てきているので、二〇〇二年九月十九日、四十周年ということで、今年もまた盛り上がると思うと、とても嬉しい。みなさん！　頑張りましょうね。

アフリカのソマリアに発つ日に

夢のような支援を受けて

社会福祉法人
全国重症心身障害児（者）を守る会会長
北浦雅子

あゆみの箱の創立四十周年を心からお慶び申し上げます。今日までの長い間ご尽力いただきました関係のみなさまに深く敬意を表します。

私どもの会は、昭和三十九年に発足。当時は重い障害をもち、社会の役にたたぬものに国のお金は使えませんということでした。こうした世相の中で、たとえどんなに障害が重くても真剣に生きているこの「いのち」を守ってくださいと訴えました。

この問題を取り上げてくださりあゆみの箱の運動として森繁久彌さん、伴淳三郎さんをはじめ、多くの芸能人の方々から重症心身障害児（者）に温かいご支援をいただきました。毎年開かれるチャリティショウにはご招待いただき、最後の坂本九さんの「ともだち」の歌声は今も懐かしく耳に残っています。

あゆみの箱の第一回の募金額二千六百万円で、社会に取り残されている在宅の重症児（者）のために使ってくださいというお話があり、私は夢のような心地で「重症心身障害児療育相談センター」の建設を決意し、昭和四十四年に完成することができました。当時、在宅支援事業は皆無でしたので、お母さんや重症児（者）は言葉では言い表すこともできないほどの喜びでした。

完成の後、クリスマスには、伴淳三郎さんがサンタクロースになってプレゼントをくださったことも懐かしい思い出です。センターの玄関には、森繁久彌さんが書かれた詩と伴淳三郎さんの絵をモザイクにした大きな記念の壁画が今も私たちを温かく見守ってくださっています。

このセンターは、今日では診療、通園事業（あけぼの学園）、緊急一時保護、巡回相談など様々な事業を行っています。

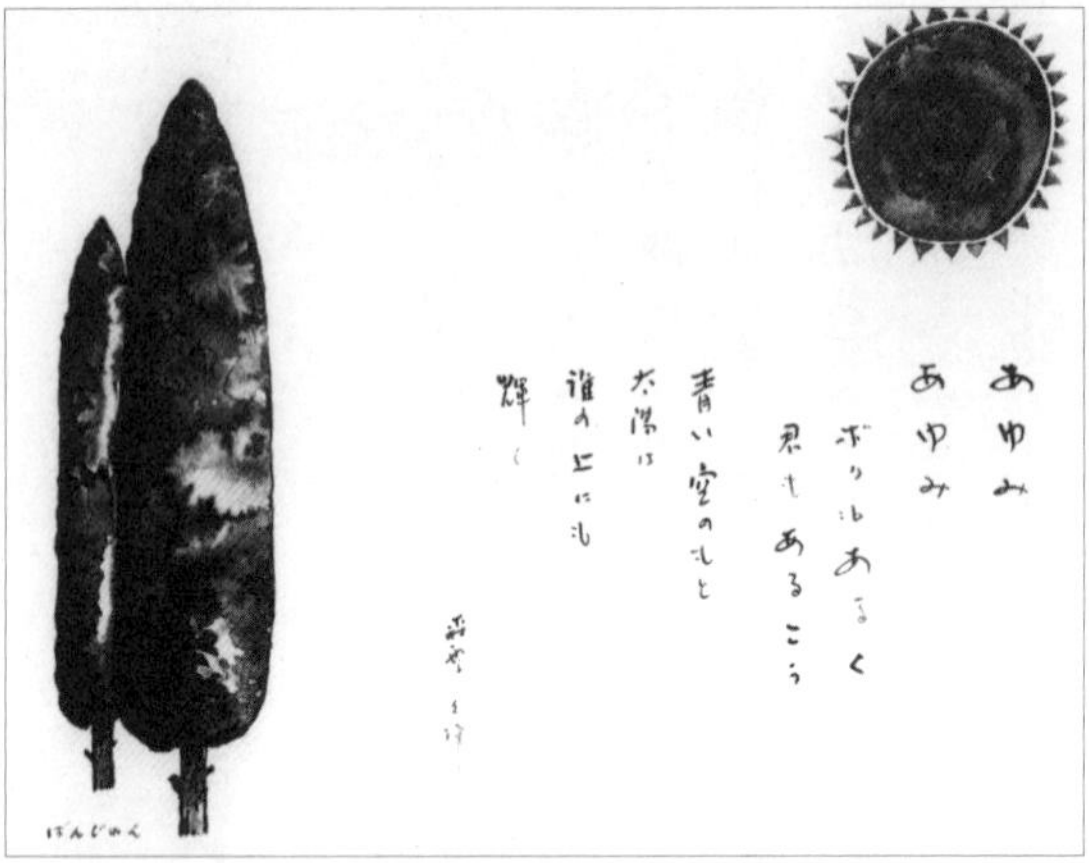

左から北浦さん、アチャコさん、森繁さん、伴さん

そして、全国の重症児やその親の方々の「城」として心の拠り所となっています。あゆみの箱の運動の原点として、そのともしびは今も明るく光り輝いておりますことに心から感謝を捧げたいと存じます。

この度、あゆみの箱四十周年を記念して野田洋典さんが御本を出版なさると伺い、お慶びしております。野田さんはお身体がお弱いのに、三十七年間、事務局長として献身的なご尽力をいただき、素晴らしいことと感謝しております。心からのお礼とともに私の感謝の心をもって一筆認めさせていただきました。

「ありがとうございました」

あゆみの箱に教えられたこと

コロムビアトップ

「さあ、あなたはだんだん眠くなる、眠くなってきた、眠くなってきたアー」

今は亡き先代引田天功さんが、楽屋でジェリー藤尾さんに催眠術の実験をやっていると、かけられているジェリーより先に術にかかったのが、なんと傍らで見ていた伴淳三郎さんでありました。

「あゆみの箱」の創設当時は、これだけの芸能人が集まっているのだから、チャリティショウをやれば必ず多額の浄財が得られようと、誠に単純な考えで、各地のテレビ・ラジオ局にお願いをして御協力を頂き、北海道・東京・名古屋・大阪・福岡とショウを開催。それなりの成果を上げることが出来ました。

この一場面も実は名古屋市愛知公会堂でのショウの休憩時の出来事なのです。いろいろなことがありましたが、私が強烈にショックを受けたのが、この愛知公会堂でのショウのお別れの時でした。

坂本九ちゃんが「ともだち」のメロディを唄い、出席者一同がステージの前面に飾られた生花を、何本かを一束にして、参加して客席に並んでいる障害児者に手渡しをするのですが、何人目かでした、突然ピューと目の前に手が伸びて、驚いた私はぱっと後に飛び下がった。

その時その子の隣の席にいた母親らしい婦人の悲しそうな顔、思わず「しまった」と。遅かったが瞬時にお詫びを申し上げました。

このお子さんは脳性麻痺の症状で、時により腕が猿臂《えんぴ》のように動きます。そんなとき慌てる私の方がおかしいのです。何がチャリティショウだ。何が障害児者に愛の手をだ。あの悲しそうな母親の顔、こういうことが私を国会に走らせた要因であったかも。

創立四〇周年の歳月には、語りつくせぬ想いがあります。この長きに亘った「あゆみの箱」の特質は、芸能人のみの団体であったということ。このまとまりにくい人間関係を、今日まで齟齬《そご》もなく過ごして来られた事務局長野田洋典君の功績は誠に大なるものと、改めて認めざるを得ません。

あゆみの箱からのメッセージ

あゆみの箱は、昭和三八年に誕生しました。

当時、全国的に小児マヒが大流行。悲惨な状況がマスコミによって報道されていました。

その流行の原因は、福祉施策の貧困から来ている予防ワクチンの不足のせいでした。

かねがね、福祉活動に関心を寄せていた、故伴淳三郎さん、森繁久彌さんは、小児マヒに悩む子どもたちのために、私たち芸能人に何か手助けはできないだろうかと思っていました。そんな矢先に同じ映画仲間で、巨匠と言われた映画監督の川島雄三さんが小児マヒの後遺症で急逝されたのが、伴さん、森繁さんの募金運動への具体的な行動のキッカケになりました。

募金箱は撮影所の裏方に頼んで、セットの残り木で何箱か作ってもらいました。

伴さん、森繁さんは、役者仲間たちにも呼びかけて、いっしょになって、街道に、車中に、劇場に、それぞれ募金を呼びかけました。

心こもった愛の募金は、その都度、施設へ贈られましたが、しかし施設へ入所できない子どもや、もっともっとひどい重症心身障害者がいることも知るようになり、益々、募金運動に拍車がかかりました。

やがて、募金箱に名前をつけようという意見が、仲間たちから出ました。皆、深夜仕事を終えて、プロダクションの事務所に集まり、募金箱を前に考えた末、あゆみの箱という名が決まりました。これは、手足の不自由な子供たちがひとりあるきできるようにと願ってつけられたものです。

昭和四〇年二月に、第一回目のあゆみの箱チャリティショウを新宿厚生年金ホールで開くことになりました。この日参加した芸能人たちはノーギャラで、表舞台だけでなく、裏方にも回って手伝い、そして、受付にも立ち、あるいは入場券のモギリを行い、それに加えて、協賛メーカーから贈られた物品を手に売り子になって場内の客席を回ったり、文字どおりのボランティアとして活躍しました。

この第一回目を模範として、チャリティショウ（後援厚生省、東京都）は毎年春に、その年の募金報告を兼ねて開かれることになりました。

また、チャリティショウには毎回、皇族の方が出席されて、はげましのお言葉を頂いております。

昭和四〇年一二月、社団法人として正式に厚生省から認可が下り、専従事務員が勤める事務局も設置されました。「あゆみの箱」募金箱の素材は、時代の進歩とともにプラスチックとなり、四〇年前と比べて随分とスマートになりました。

現在「箱」は二万個を超えて、北は北海道から南は沖縄まで津々浦々に配布されて、道行く人たちに善意のご協力を仰いでいます。

あゆみの箱運動が始まって四〇年、全国から寄せられた募金額は一八億八千万円にも達し、各地の心身障害児（者）施設並びに在宅障害児（者）と家族に贈られました。

四〇年前、今は亡き伴淳三郎さんが恥も外聞もなく街道に立ち、ただひたすら「小児マヒの子どもたちにお力を貸してください」と頭を下げたその素朴な願いは、今も「あゆみの箱」の原点として生きています。あゆみの箱運動は芸能人だけの運動ではありません。今や全国の皆様の温かい支えによって成り立っています。

あゆみの箱四〇年の歴史の流れのなかで、見知らぬ多くの人々が限りなく示してくださった愛の善意を、障害児の未来に明るく力強く託すことが、私たち芸能人メンバーの使命であると思っております。どうかご協力のほど御願い申し上げます。

「あゆみの箱」一同

あゆみの箱の事業について

「あゆみの箱」に寄せられた募金は、次のような福祉事業に使われております。

①心身障害児（者）とその家族を招待するチャリティー・バラエティー・ショー（あゆみの箱大会）及びチャリティー映画試写会の開催。
②障害者（児）のためのスポーツ大会に対する協賛・後援事業。
③障害者関係施設（作業所）への助成金の配分。
④在宅障害者へのクリスマスプレゼント（テレビ・ラジカセ・CD等の寄贈）。
⑤福祉施設への慰問団の派遣。
⑥その他、あゆみの箱の運動にかかわる事業全般（募金箱普及のための開箱式の開催・機関紙の発行）

事業実績は、「あゆみの箱」誕生以来、毎年、心身障害児・者とその家族、及び施設の職員の慰安を兼ねたチャリティショウ（募金箱の開箱式・東京大会）を開催しています。

第一回の初年から二〇〇一年までの招待総数は、地方で開催したチャリティショウを含めて、延べ一〇万人以上となっています。その他障害者のスポーツ大会等の協賛事業、また、行楽地への招待も積極的に催しています。

開箱式

募金の配分実績の主なものは、次のとおりです。

昭和四〇年一二月、全国全県の肢体不自由児施設に歩行練習器を寄贈。

昭和四三年九月。東京都世田谷区三宿・重症心身障害児センター建設に寄与。

昭和四六年一二月、福岡県朝倉郡夜須町・心身障害児保養所「あゆみの家・やすらぎ荘」（総工費二億円）を建設。

その他、創立から現在まで、全国各地の心身障害者施設へ、施設建設費及び同補充費、冷暖房器具、訓練用具、車イス、通園用マイクロバス、金品等を寄贈。

また二〇年前から恒例になった、年末クリスマスプレゼント（カラーテレビ、ビデオレコーダー、ビデオカメラ、ワープロ等）を母子家庭の在宅障害児（者）及び福祉（小規模作業所）施設に寄贈しています。

海外においては、昭和四六年八月、同四八年八月、それぞれブラジル・サンパウロにおいてチャリティショウ（海外大会）を開催。その収益は現地の福祉施設に寄贈。また、福祉施設「憩い家」の建設に寄与。

昭和四九年八月と同五〇年八月には、アメリカ・ロサンゼルス、サンフランシスコ、ハワイにおいてチャリティショウ（海外大会）を開催。その収益は在留邦人の福祉施設に寄贈しました。


（なお、あゆみの箱の年譜を巻末に作成しましたので、ご参照ください）

第1部　あゆみの箱に私が出会うまで

「弱者を嘲笑うな」

私は、子どものころから病弱だった。昭和一七年、戦時中の社会不安のなかで生まれた。病弱だった原因について少し思い当たることがある。因果関係は断定できないけれど。

父は、ずっと女道楽が過ぎた。私が生まれるちょうど同じころに、別の女性との間にも子どもをつくっていたようだ。だから母は、普通の子ども以上に、強い子どもを生みたかったのだと思う。そして強い子どもに育てたかった。「御百度参り」といっても、今では映画の中でくらいしか見ないが、母は神社に私のことを願をかけて祈った。私は無事に生まれたが、生まれてからも母の御百度参りは終わることはなかった。

母には、生まれてくるもう一人の子どもへの意識が強くあったはずで、「自分の子」に対する責任感はひとしお強かったに違いない。「この子は私が育てねば!」という強い思いにか

私の家族。右から二番目が父

られていた。

強い子どもに育てたいという思いの背景にあるものが、皮肉にも、私が病弱な子どもになった一因のようにも思える。戦時中の社会不安の状況と、そういう心の葛藤が、胎児に何らかの影響を及ぼさないとは考えにくいだろう。不安と怖れのなかで、母はどうにか私を生み、私を育てることに懸命だった。そのぶん、私はいくぶんか母の過保護のもとに育ったのだと思う。

私は、昭和一七年二月二〇日、名古屋市北区大杉町で、父一男、母あさ子の間に、長男として生まれた。当時の私には、五歳になる姉、博子がいた。私が生まれてから二年後には、妹、恵美子が生まれた。また、戦後の昭和二七年には、一〇歳離れた弟隆彦が生まれることになる。

父は、大手商社から独立して、貿易会社を経営していた。戦争が始まって、軍需工場も経営するほどに事業家としての才能はあったようだ。だから当時は、家は裕福で上流階級に属しているといってもよかった。

私が生まれた昭和一七年から、戦況はどんどん険しくなっていった。昭和一九年に妹が生まれたころには、本土空襲の事態が出始め、名古屋も危険を逃れなかった。そのため、妹が生まれてすぐ、私たち家族は愛知県新城市に疎開した。新城は静岡県に近い位置にあり、桜の名所で有名だった。「桜ぶち」という坂があって、春になると、それは美しい風景が現れるのだった。

その疎開先での私の二、三歳時の記憶は、私の「額《ひたい》」に残っている。現在も、私の額にはこぶがある。三輪車で走り回っていたとき壁に激突し、大けがをしたのだ。疎開先の記憶がこぶとして、現在の私の額にその痕跡を残しているということである。

疎開先では私はよそ者として、地元の子どもたちからよくいじめられた。私の行く道に蛇をわざと置かれたり、小学生だった姉も友だちに待ち伏せられたりした。

食料は、母が地元のお百姓さんと物々交換で補給していた。父は、名古屋と新城を行き来していた。

大きな思い出がある。この疎開先で私は赤痢を患ったのだ。原因は、汚い手で桃を摑んで食べたからだろう。その桃についていた赤痢菌が感染した。だから、私は今もって桃は苦手で、決して口にしない。

私の病気は、強い子に育てるのが願いだった母にとっては、大変な心痛だったに違いない。幼い私を背におんぶして、山の神社に病気平癒の願をかけて御百度踏みに出かけた。また、人目を忍んで、私の大便を遠くの山中に捨てに行ったりもしていた。

神社に祈っていたのは、私のことばかりではなかった。相変わらず、父の女道楽は絶えず、さらに母に対して暴力も振るっていた。そんな苦労をしょって、いつも泣いていた母の姿が記憶に残っている。

やはり、この年、名古屋にも大空襲があった。新城で見上げた空に、空襲から帰還していくB29を見たことも覚えている。そう言えば、新城には防空壕があって、そこに避難したこともあった。後に、あゆみの箱の運動に参加された歌手の大津美子さんも、偶然、私の疎開先と同じ新城に疎開されていたことを、大津さんの本『ここに幸あり』を読んで知った。


名古屋、浜松の空襲に続き、昭和二十年六月十九日、雨のような焼夷弾とともに、豊橋の街は火の海と化したのです。防空壕からも焼け出され、逃げまどい、恐怖の一夜が明けたとき、父は母の肩をたたいて言ったそうです。

「オイ、皆が心配している、新城へいそいで行こう」

豊橋の空襲の知らせは、すぐに新城にも届きました。「みんな心配しなくてもいい」と言いながら、祖父母はうろたえる孫の手をひいて裏山に駆けのぼりました。

遠く北東の空は真紅に燃え、あざやかな夕焼けのようでした。「ああ、もう父母、姉弟は駄目だ」と三人は抱き合って泣きました。

「お父さん、お母さん」涙がとめどもなくあふれてきます。

次の日の朝早く、祖父母は、家のありったけの米や麦をたき、それをおむすびにしてリヤカーに積み、私たちを連れ新城の駅のほうに歩いて行きました。道には豊橋空襲で焼け出された人々がお腹をすかせて、行きつ戻りつしています。祖父は疲労と空腹で今にも倒れそうな人におむすびを差し出して、「元気を出してな」と呼びかけています。私はこの祖父の姿、心の広さに、子供ながらも大変な感動をしました。額にシワと汗をためながらただ働く姿だけしか見たことのなかった祖父の心の奥に、人の心の暖かさを見つけたのです。

その後、大人になってからも何度もこのときの情景を思い出します、すばらしい思い出として。

混乱のなかを祖父母と私たち姉妹はどのくらい歩いたでしょうか、駅の近くの人垣のなかに弟をおぶった母、そして父と姉の姿を見つけました。私たちは、「ワァー」とかけより、父と母にとびついていきました。母の目に涙を見ると、歓声は泣き声になり、ただ「ワァーワァー」と泣きじゃくりました。

父はひとこと、「よかった、みんな無事で」と言って祖父母に深く頭を下げました。

昭和二〇年、終戦ののち、私たちは名古屋の大杉町に戻った。大津さんは、戦後、新城小学校に入り、そこで早くも天才歌手の才能を出し始めていた。

私はこのころ、どこにでもいる腕白小僧だった。元気に駆け回り、いたずらもよくして、母の手を焼かせた。けんかをした子どもの家に、夜になって悔しくて、窓ガラスに石を投げて壊し、その後始末に、母があやまりに行ったのを覚えている。

しかし、このころの人並みに腕白で元気だった私の人生に大きく影響を及ぼすことになる病魔が、そのとき忍び寄っていたのだった。

父は、このころ、羽振りがよかった。新旧の円の切り替え時に当時の二五万円で、名古屋市呼続に家を買って、一家で引っ越した。商才と同様に、要領のよさを持っていた父を表すエピソードとして覚えている。昭和二四年、私は呼続小学校に入学する。なんとこのとき、父は、当時では珍しかった自動車で私を入学式に送り、周囲を驚かせた。金持ちの子息というわけである。

新居に移って間もなく、今度は父は大阪で別の女性と住み始め、名古屋を離れた。母は、大阪へ父を追って行った。母は、今までのこともあって、相手の女性を意識してか、大阪で弟を生んだのである。母はおそらくこれを最後の出産だと思っていた。このときの母の心労は、計り知れなかったろうと思う。母の寿命を縮める要因が積み重なっていった。

母にとって、父のこと以外でもっとも大きな心労は、この私自身に原因があった。それは、昭和二六年三月二〇日に起こった。

風呂場で私の背中を流していた母が、突然、叫び声をあげたのだ。

「どうしたの、これ！」

私の脊椎の一部が変形していて、それに母は驚いたのである。

翌朝すぐに、市内の大学病院へ連れて行かれた。診断の結果は脊椎カリエス（結核性）だった。この病気は、脊椎の結核であり、椎体が侵されて骨が破壊される。病気が進行すると、多量の膿が流れ出、脊柱の変形をきたす。今なら、抗生物質を使用した化学療法や早期の根治手術で治すことができると言われているが、当時の医学は、そこまでは進歩していなかった。

医者は入院を勧めたが、母は小学校三年生の私を入院させるのは忍びないと思って、自宅療養を選んだ。弟がまだ生まれたばかりのころであった。

私は、上半身を石膏で固められた。ギブスをつけたままの寝たきりの生活が始まった。このとき以降、私は小学校へ行くことはできなかった。

それから三年が過ぎたころ、医者から、ギブスをつけたままなら起きてもよいとの許可が出た。考えてもみれば、当時の私は小学校高学年にあたる遊び盛りの時代にいたのである。医者の許可で歩行可能な生活が始まったのはよかったが、それはあくまでも屋内だけのことだった。重くて固いギブスが苦痛でないわけはない。当然ながら、症状が小康状態なら、嫌いなギブスをはずしたくて仕方ない。母の目を盗んでは、私はギブスをはずし、遊び回った。

その結果はてきめんに出た。病状が急に悪化し、内股から膿が流れ出し、背中の変形が著しく進行した。まさに脊椎カリエスの悪化症状である。それで、ついに入院を余儀なくされるのだが、そのときに私には人生最大の悲しみが訪れることになる。

それより前に、あんなに羽振りのよかった父の事業が、部下に裏切られたことによって破綻し、会社が倒産していた。何もかもが恵まれている人はいない。商才があって事業が成功しても、部下に裏切られてしまうというヘマも犯してしまうものだ。父は一人東京へ上京し、新たな事業開始を準備していた。

父の買った呼続の家は立派な屋敷だったが、借金で人の手にわたり、私たちは行くところもなく、そのまま一部を間借りして暮らした。父はそのうちに音信不通となってしまった。母や姉が働き、糊口を凌いだ。

これだけの苦労が母を痛め続ければ、母の寿命に影響を及ぼさずにはすまないだろう。私がもっとも愛する母が、ついに肺炎によって、昭和三一年二月一七日に息を引き取った。朽ち果てたような体の状態になって、免疫力もなかったのだろう。享年わずか四一歳である。

私は、天にも届けと悲しみの慟哭を胸に発した。そのせいかどうか、その日、真っ白な粉雪が天から舞い降りてきたことは記憶からは消えない。私は一四歳、姉一九歳、妹九歳、弟はまだ四歳だった。母の最後の言葉は、病気が悪化した私と、まだ幼い弟のことがとても心配だということであった。父が来たら「蹴とばせ」とも言った。

父は行方が不明だったので、母の死に目には間に合わなかったが、なんとか連絡が届いて、母の葬儀には間に合って参列した。父は涙を流したが、その胸中はどんなものだったのだろうか。

母の思い出で、一つ忘れられないことがある。いつだったか幼いころ、道ばたで足の不自由な人を見かけたとき、私はその姿を嘲笑うようにその人に向けて指さしたのだ。そのときの母の怒りは大変なものだった。私は母からこっぴどく叩かれたのである。私はなぜこんなにも手ひどく叩かれねばならないのか、そのときはわからなかったので、母は叱りつける理由を私に言わなかったようだ。それとも、言われても私にはよくわからなかったのかもしれない。しかし、この母の教えは、私の一生の仕事にずっと流れるものとなる。天に唾するようなものである。弱者を嘲笑うな。

母が死んで、そして私はついに入院した。名古屋市中村区の日赤病院であった。

自宅療養中も病院入院中も、私は学校へ行かなかったぶん、本を読んだ。幸い私は、漫画でも小説でも、本を読むのが大変好きだった。愛読したのは、『次郎物語』や『路傍の石』などだった。四、五回も同じ本を読んだ。『十五少年漂流記』や、「世界名作全集」なども思い出す。科学ものより、歴史や時代もののほうが好きだった。歴史年表自体を読むのも好きで、年表を眺めているだけで時間を過ごすことができた。

漫画も手塚治虫よりも時代ものや少女漫画的なものの方が好きで、自分でも漫画を描いた。雑誌の後ろにあった読者投稿に描き送って採用されたことも何度かある。また、一度はコンクールに応募して入選し、ほんとに漫画家を目指そうかと考えたこともあったほどである。

病院では、看護婦さんに頼んで、勉強を見てもらうことになった。親切にも看護婦さんは非番のときに学校の先生役を引き受けてくれ、私の病室が教室になった。担当の医師までも、勉強のわからないときにはみてくれることがあった。

病気はやがて少しずつ癒えて、退院することができた。そのころは、一家は中村区の長屋に引っ越していた。一方、東京での父の事業は再び順調になって、父からの仕送りもあった。

私の長い闘病生活はいよいよこれで終わりかと思えたのだが、最後にもう一つ、大きな病が私を襲った。

結核性脊椎炎（脊椎カリエス）とたぶん無関係ではないだろう。今度は、結核性腎臓炎を患ってしまったのだ。それで、再び入院。今度は、名鉄病院だった。昭和三五年のことである。

私は、一八歳。大手術を受けて、腎臓が一つなくなった。このころの私は、若くして、人

生に絶望感を抱いていたのだろう。幼いころからずっと病気につきまとわれ、学校さえ行くことができず、青春時代のまっさかりにも、ただ病室だけが自分の空間であることのやるせなさは、将来の希望などを思い描ける精神状態になり得なかったのである。

脊椎カリエスでの脊椎変形やこの腎臓炎での腎臓摘出などによって、私は将来にわたる後遺症を背負うことになった。

私に残ったものは、身長一・二〇メートル、背は醜く曲がった現在も、この背中の変形によって、内臓が圧迫されるため、胃腸などは著しく弱く、特に心臓については、少しでも階段を登ったりすると、動悸、息切れがひどく、二、三分休憩しなければ、次の行動に移れないほどだ。加齢によってさらに心臓の働きは弱くなって、今では酸素ボンベが必要で、常に携帯用のものを持って行動している。

社会への門出の涙

上京した。まだ、もちろん新幹線はなく、そのときの上京は、汽車ポッポの時代だった。父が女性と暮らしていた住まいからほど遠くないところ、北青山の四畳半の下宿に私は住んだ。けれど、毎日、これと言ってなすべきことはなかった。無為な日々に変わりはなく、パチンコをしたり、映画を見たり、目的なく街をさまよったりしていた。

ただ一つ、私には東京に無二の親友がいた。このころのたった一人の友人だった。名古屋の小学校時代（といってもほとんど通っていなかったのだが）の友人小川建夫氏で、彼はとても優秀で、当時、早稲田大学の学生だった。彼とはときどき会って話をしていた。彼はのちに建築技師になって建設会社をつくったが、その後、自分の子どもの自閉症の問題があって、自ら施設をつくって現在もその活動をしている。彼とは、現在も親交が続いている。

父は、いつも食事に私を呼んだ。それなりに、私のことを気にしていたに違いない。この父の気がかりによって、私の運命的な人生の出会いに導かれることになるのだった。

父の友人の一人が、俳優森繁久彌の友人でもあった。この友人が、父をあるパーティーに誘った。当時すでに、あゆみの箱は発足していたが、このパーティーは、ヨットハーバーの開設記念で、神奈川県逗子の佐島マリーナで開催された。

父は、私に対して何かしてやりたいと思っていたのだろう。森繁さんたちがあゆみの箱で障害者に対する慈善運動をしていることを知って、なにがしかの思惑もあったのだろう。そのパーティーに私も同行するように誘ったのだった。

パーティーに私が同行することが、私にとってどれほどの意味のあることかは私にはわからなかった。知っている人がいるわけでもなく、私はパーティー会場の片隅で所在なげに佇んでいた。

左から父一男と伴淳三郎さん

左から私と伴さん

そのとき、伴さんが私を見つけ、駆け寄ってきて「君は名前は何て言うんだ」と、話しかけられた。「今、何をやっているか」とも聞かれ、何もしていないと答えると、「あゆみの箱のことは知っているか」と尋ねられた。そして、事務局を手伝ってみないかと誘われたのだった。

そのあと、その会場にいた森繁さんのところへ連れられていって、森繁さんからも話しかけられた。どんな話をされたのかは、まったく覚えていない。とにかく、緊張していたことは確かである。この様子を、父は片隅からじっと見守っていた。

私は、この誘いに即答できなかった。何もできないことへの不安があったからだろう。二週間ほど考えて、意を決して、父に伴われて代々木上原の伴さんの自宅をお訪ねした。

こうして、私はあゆみの箱の事務局で仕事をすることになった。

このあと、伴さんには私の第二の父親と言えるほどの濃密なつきあいをしていただくのだが、佐島マリーナで声をかけられたことが、今から思えば、私の人生を決する出会いであったとは、当時はもちろん予期せぬことだった。

あゆみの箱の事務局は、当時、銀座西八丁目の旧平和相互銀行新橋支店（後に住友銀行に合併、のち三井住友銀行）の四階にあった。伴さんがこの銀行と取引があり、同支店長の大平康氏にこの運動の理解と協力を依頼して、事務所の無償提供をお願いした。支店長は、本店の社長に掛け合って承諾をもらった。社団法人準備委員会あゆみの箱が発足したのは昭和四一年のことだった。私がこの事務所にお手伝いに通うことになったのは、この事務所が開設されて二か月ほど後のことになる。私の仕事は、あゆみの箱の法人化申請準備の事務を手伝えということだった。

もちろん私には何もわからない。当時の事務局長は東大出の優秀な山本正さんだった。書類を都庁のどこそこへ持って行けというのを、私は指示のままに動いていたのである。社団法人となるのはなかなか大変で、結局、法人化できるまで一年を要した。

このころの私は無給であった。しばらくしてから、月一万円ほどをいただけることになった。当時としては、まあまあだったと思う。

事務局に通い始めたばかりのころの思い出がある。

ある朝、事務所に通うために家を出て駅に向かっていた。その途中で、歳のころ六、七歳の子どもたちが数人遊んでいる所を通りかかった。その子どもの一人が、障害者である私を見て、「あー、変な人が通る!」と叫んだのである。それを聞いた他の子どもたちも、

「あー、ほんとだ。ロボットみたいだ」

と、いっせいに私を揶揄したのだ。

私は一瞬その場に立ちつくしてしまった。相手は子どもだ。たかが子どものことだからと思いながらも、重く、嫌な気分が心の底へ沈殿していくのを感じた。幼いころに私が障害者を指さし、母にこっぴどく叩かれたことを思い出す。私はやっと思い直し、素知らぬふりをつくりながら、その場を立ち去った。

だれにでもあっただろう、とまどいにおどおどしながらの新社会人である。まして私は、長い闘病生活、そして無為な日々の後に、今やっと、社会に出たばかりである。すべてが新しく、そして厳しい現実の世界に直面していた。街を歩けば、障害を持つ私に向ける人々の目が矢のように痛く感じられるのだった。そんなことで、精神的にかなりまいっているときで

もあった。

その日、帰宅して床についても、朝の子どもたちの声が耳に蘇り、子どもたちの表情が目に焼き付いて、なかなか眠りにつけない。「明日もきっとあの子たちに出会うに違いない。別の道にしようか」と、あれこれ思いがめぐった。

しかし、私はなお考え込みながら、「いや、違う。それではいつまで経っても同じ場面に出会い、同じ思いが繰り返され、自分に前進はない」と思い至った。ここを抜けるには、今、この状況に立ち向かっていく勇気が必要なのだ。「明日も、あの道を通る！」。そして、あの子たちに出会って、笑顔を返し、できれば話しかけてみよう。

翌朝、私は昨晩に決めたとおり、同じ道を駅に向かった。昨日の道にさしかかった。いた！やはり昨日の子どもたちが同じ場所にいた。緊張の高まりを心臓の高鳴りで確認できた。ところがである。子どもたちはわたしの期待（？）、予想にまったく反して、私を見ても何の関心も示さないのである。

一大決心をし、勇気を鼓舞して、心臓を締め付けて、その場に臨んだのに、その拍子抜けったらなかった。同時に、なぜ？　という疑問を感じた。

母がそうしたように、誰かが昨日のことを目撃していて、子どもたちに注意したのだろうか。それとも、子どもたちはもともとそれほど私に関心はなく、二度目の今日は、特に関心を抱くほどのことではないということなのか。私には理解できなかった。

ただ、その拍子抜けで、緊張感がいっぺんに解放され、思わず笑みが洩れてしまった。それを見た一人の子どもが、なんと私に笑い返してきたのである。

それから何日か後の朝のことだった。やはりいつもの道を歩いていくと、あの子どもたちがめざとく私を見つけて、「行ってらっしゃい」と私に声をかけたのである。

私はその言葉を聞いて、涙が出るほど嬉しかった。いや、実際に涙した。その子たちとの出会いが、私が障害者として社会に歩み出す最初の関門だったような気がして、それは、私の社会への門出に対する餞《はなむけ》の嬉し涙だったのである。

あゆみの箱の出発
――重度心身障害児（者）のために

小児マヒは、現在、ポリオと言う。私には「小児マヒ」という言葉が染みついているので、本書では「小児マヒ」で書かせていただく。

小児マヒは、届け出伝染病の一つで、急性灰白髄炎とも言う。事典によると、古くから知られた病気で、紀元前にすでに記録があるといい、古代エジプトの遺跡にも見られると記されている。世界的には、一九世紀末から二〇世紀にかけて欧米を中心に流行したらしい。日本には、一九三八、四〇、四九年と流行して、六一年の届け出患者数は五六〇六人であったという（『世界大百科事典』による）。

この病気は、「マヒ」の字のとおり、四肢に麻痺が生じて、永久麻痺になる場合が多く、重症の麻痺による障害や、肺炎で死亡することがあって、とても恐れられていた。

しかし、予防ワクチンが一九五四年に開発され、この効果は絶大で、一九七七年以降の届け出患者はゼロとなり、現在の日本にはないとも言われている。

一九六一（昭和三六）年、日本で小児マヒが全国的に大流行し、世間は不安にかられていた。この病気による悲惨な状況は、マスコミにより報道が続けられた。この年、生ワクチンの一斉接種が日本で行われたのだが、大流行の原因は、生ワクチンの不足をもたらした福祉施策の貧困にもあった。

このころはまだ、福祉施策というものが社会一般にはとても馴染みが薄いものであった。しかし、伴淳三郎さんや、森繁久彌さんは、かねてから福祉活動に関心を寄せていた。小児マヒに苦しむ子どもたちを見、また日本の社会福祉の貧困から、自分たち芸能人に何か手助けはできないだろうかと考えていたのだった。

ちょうどそんなころ、自分たちが属している映画界で、小児マヒの不幸を身近に感じる出来事が起こった。

川島雄三という映画監督は、今では知る人ぞ知る、カルト的な奇才の人であった。弟子には今村昌平や浦山桐郎らがおり、生涯五一作の映画をつくった。代表作に「幕末太陽傳」「雁の寺」「しとやかな獣」「学生社長」「女は二度生まれる」などがある。

この川島監督が、一九六三（昭和三八）年に、四五歳の若さで亡くなる。原因は、小児マヒの後遺症で急逝だった。映画界の仲間の、四五歳の死に、周りの関係者はとても悔しい思いを持たずにはいられなかっただろう。

その年、俳優の伴淳（伴淳三郎）さんは後に彼の代表作の一つにもなる映画「飢餓海峡」の撮影で、青森へ赴いていた。青森は、川島監督の出身地で、彼のお墓がそこにあった。伴淳さんは、撮影の合間を縫って川島監督の墓参に出かけた。

その墓前で、芸能人として何かしたいという気持ちから具体的な活動を起こすことの誓いを立てた。

生前の川島監督は、小児マヒの後遺症で、右手右足麻痺の障害を持っていた。撮影現場の人々はもちろんこのことを知っていたし、生ワクチン不足が社会的な関心にもなっていた。撮影現場には、大道具・小道具の職人もいる。現場の端材で小さな箱を即席につくり、これを募金箱として、撮影スタッフから募金を始めた。

生ワクチンの不足問題から始まったこの福祉活動に、周りの多くの人々が共鳴していった。俳優仲間の間で相談はすぐにまとまり、重症心身障害児（者）への救援を、芸能人としてできることをしていこうという方針ができた。募金活動は、街道に、劇場に、車中にと、これが全国的に広がっていくのだが、ボランティアという言葉さえまだないこの時代だからこそ、また、世間への浸透も速かったのではないかと思えるのである。

こうして集まり始めたお金は、映画のロケーションで行く先々の土地の施設に寄付していった。そうしているうちに、施設に入所できない子どもたちの存在や、重複障害というのか、ダブルハンディーを持つ人たちなど、もっともっと重い障害を持つ人々の存在にも気づき始めた。そのことで募金運動にさらに拍車がかかることになった。

これが、あゆみの箱の出発であった。その始まりの年は、奇しくも私が汽車ポッポに乗って東京へ出て、社会人として出発した年でもあった。

このような事情であゆみの箱が発足したとき、まだ私はあゆみの箱のことを知らない。私があゆみの箱の事務局に入るのは、前章で述べたとおり、昭和四一年からである。

この運動の目的は、重度の心身障害児（者）への資金的援助である。当初の主な活動は、募金箱以外には、街頭での募金活動や、のちに盛大に行った芸能人によるチャリティショウだった。

発足した年の昭和三八（一九六三）年の年末、芸能人仲間へ呼びかけをして、有楽町で大規模な街頭募金運動を行った。最初の大きなイベントは、この街頭募金だった。私は、まだ伴淳さんとも知り合っていなくて、この間の活動の実際は、伴さんから聞いたこと、記録から知っていることだけである。

この年（昭和三八年）、歌手の大津美子さんが、年末恒例のNHK紅白歌合戦出場の選に洩れた。大津美子さんの本（前出）には、このことのくだりが、あゆみの箱の街頭募金にも触れて記されているので、引用させていただきたい。

母と別れ、ひとり歩きを余儀なくされた私に、もうひとつの打撃が待っていました。その年の暮れ、紅白歌合戦の選に洩れてしまったのです。当時、歌謡界の流れもだいぶ変わり、ザ・ピーナッツさんを筆頭に、伊東ゆかりさん、中尾ミエさん、園まりさんなど三人娘がポップス系の花として台頭していたころです。私もここ数年、海外公演などで日本の舞台になじみが薄くなったこともあるでしょう。しかし、一線の歌手としての自信は充分ありました。ですから時の流れとは言え、七年間連続出場していた紅白に落ちるということは、大変なショックでした。

打ちひしがれた心を、なぐさめ元気づけてくれる母も今はなく、「そうだ、これは母が私にくれた大きな試練なんだ」と、ひとりそれに耐えました。

そんなとき、当時所属していた芸映プロダクションの代表でいらっしゃる伴淳三郎先生から電話が入りました。

「美ちゃん、君の気持ちを思って負け惜しみを言うわけじゃあないけど、紅白だけがすべてじゃないんだ。本当の実力があっても出場できない人だってたくさんいるんだ。美ちゃん、あんたにとって、これからが本当の勝負だよ」。そして、「大みそかの夜、私に時間をくれないか」とおっしゃるのです。

この年、三八年の秋から、伴先生が中心になって展開されている、小児マヒにおかされた子どもたちに歩みをという〝あゆみの箱〟の街頭募金に大みそかの夜、参加しないかというものです。伴先生の私を思いやる気持ちがひしひしと感じられ、ああ、まだ私は素晴らしい人たちに支えられているんだなと感激しました。

とても寒い大みそかの夜でした。

伴先生と私は、芸映プロダクションの人たちと、銀座・不二家の前にボール箱（今では素晴らしい木の箱になっています）を持って立ちました。

なにか、わびしさとやりきれなさに寒さも手伝って小さな声で、「可哀そうな子供たちに、募金をお願いします」と言うのが精いっぱい。そんなたよりない私を見ていた伴先生が、たまりかねたように、

「大津君、紅白歌合戦も大事かもしれないが、今やっていることはもっともっと素晴らしいことなんだよ。もっと胸を張って呼びかけるんだ」

そのとおりだと思いました。私はこみあげるものをおさえ、

「お願いします」

どこかのラジオから聞こえてくる紅白の歌声を耳にしながら。

あゆみの箱は、街頭募金だけではなく、芸能人が催すチャリティショウを昭和四〇（一九六五）年二月六日、新宿厚生年金会館大ホールで成功させた。森繁久彌、伴淳三郎、坂本九、フランキー堺、淡島千景さんら多くの芸能人が参加した。

第二回あゆみの箱チャリティショウは、昭和四一（一九六六）年、日本武道館で第一回とほぼ同じ出演者で開催された。

私が初めてチャリティショウに携わったのは、武道館で開かれた第三回目の東京大会からであった。私は緊張していた。伴さんから、矢継ぎ早に出される指示に応えることができなかった。「おーい、野田君。これをやってくれよ」と言われるのだが、どうしていいのか私はわからなかった。やっとわかったときは、もう遅かった。誰かが私に代わってやってくれていた。

あんまりこういうことが続くので、伴さんは稽古中にマイクで、館内に響き渡るように「野田君、ダメや」と言われた。私は、ただ悔しい思いでこれを聞いた。私はこういう仕事には向いていないんだと、その日、自分の部屋に帰って思った。これが、「あゆみの箱」に入って味わった苦い最初の悔しさだった。

いつの日だったたか、伴さんと一緒に仕事で山形に行ったときのこと。午前八時に朝食、出発は九時ということになっていたので、私は浴衣に丹前の姿で朝食の席に着いた。そして、正面を見たら伴さんがいた。伴さんはもう背広姿だった。私は身の縮む思いで「おはようございます」と言った。

山形は伴さんの故郷であった。県の観光審議委員を務めていた。したがって、故郷のこと

チャリティショウ（四国大会）

に関しては、一生懸命に尽くした。特に山形の花笠音頭には、並々ならぬ情熱があった。毎年八月に始まるお祭りには、必ずゲスト（芸能人）を伴って市内パレードに参加した。私も三度ぐらいついて行った。山形の夏はムシムシと暑く耐えきれないものがあった。伴さんが山車の上で、思い切りの愛嬌を振りまいているのを見て、うらめしく思った。

第四回あゆみの箱チャリティショウ東京大会の開催にあたっては、ソニーの協力によって銀座ソニービル一階に入場前売り券発売コーナーを一〇日間開設した。同時に芸能人が参加して、道ゆく人々に呼びかけた。以後、十数年これを続けた。

また、年末にソニービルでは、歳末助け合い募金として、一二月一日から二四日まで行い、二五日から三一日

街頭募金風景。中央は伴さん

までをあゆみの箱募金として行った。以後、毎年年末に「愛の泉」の募金が行われた。

以後あゆみの箱チャリティショウ東京大会は、二二回（テレビ放映は二〇回）まで行われた。その後、映画チャリティ試写会に変更される。大会及び試写会には、各宮家がご臨席されることが多かった。

地方大会が盛んになる名古屋を中心に、福岡、札幌、秋田、釧路、山形、福井、富山、高松、大分、静岡、鳥取、金沢、新潟、大阪、横浜で開催、海外大会も（ハワイ計二回、サンパウロ計二回、リマ計一回、サンフランシスコ計二回、ロサンゼルス計二回）を開催した。

（巻末年譜参照）

資料　第3回チャリティショウ

武道館に七〇〇〇人が集う　一年間に集まった愛の心〝二六五九万五七〇円〟

社団法人「あゆみの箱」主催「第三回チャリティショウ」は、四月五日午後五時より日本武道館で開催された。

あいにくこの日は朝から小雨がパラついた天気だったが、会場には常陸宮、同妃両殿下、三笠宮、同妃両殿下、佐藤総理夫人、福永官房長官、国会議員をはじめ、約七〇〇〇人の人々が集まった。

定刻五時、坂本九ちゃんと身障児が大太鼓を打ち鳴らしてショウはスタートした。

北スタンド地下一階フロアーから「全日本鼓笛連盟」の少年少女の鼓笛隊を先頭に、善意と愛がいっぱいにつまった「あゆみの箱」を小脇に佐藤総理夫人、橋本登美三郎夫妻等、北は北海道、南は九州から参加した一般協力者の列が延々と続いた。壇上の森繁久彌、淡島千景、小桜葉子、高峰秀子、藤間正子、秋山ちえ子、坂本九、芳村真理、志摩夕起夫、理事を代表して伴常務理事が挨拶をした。

佐藤総理、坊厚相のメッセージも読み上げられた。坂本九、芳村真理の挨拶は特に清新さをそえていた。今年は若い理事の熱意の盛り上がりが開幕時から感じられた。

そしてこのショウのハイライト「あゆみの箱」の開箱である。舞台中央に据えられたガラス製の大箱に、まず佐藤総理夫人の手によって第一号があけられた。

昨年（一九六七年）の三月一九日に行った「第二回あゆみの箱チャリティショウ」終演以後から、全日本各地に設置された「あゆみの箱」。その箱に毎月のように入金したお年寄り、若い人、主婦、BG（OL）、大工さん、学生さん、お坊さんら数知れぬ皆様の心こもった愛が、この大箱につぎからつぎへと芸能人ら協力者によってあけられた。

その善意の結晶がいっぱいになった大箱は、日通のリフト車によって、静かに計算センターへと運ばれていった。計算センターに運ばれた大箱は、平和相互銀行新橋支店全店員の協力によって集計された。

ついでに第二部は、西独ベエテル編・心身障害者コロニー記録映画を上映した。

第三部はバラエティ・ショウ。仕事の合間をぬってかけつけた芸能人の手によって唄・踊・マジックショウ等が繰り広げられ、招待した身障児をなぐさめた。

いよいよ集計された募金額が森繁常務理事から最終報告「この一年の募金の取り扱いをして下さった銀行は第一、三和、両銀行、それに平和、徳陽、福岡、神奈川、西日本の各銀行でした。その集計額と、この日集計された総金額は二六五九万五七〇円でした。どうもありがとうございました」と発表があった。

最後は「ともだち」を全員で合唱し、「また来年あいましょう」と感動のウズの中に閉会した。

第2部

「あゆみの箱と私」を語ろう

五七一―九〇二五

571−9025

私にとってたった一つだけ、忘れられない電話番号があります。「五七一―九〇二五」。昭和四一年、当時の局番は、東京はまだ三桁でした。それから二〇年経って、四桁になりました。今では大阪も四桁、名古屋も四桁と、全国に波及していきますが、そのころは、東京もまだ三桁でした。

「五七一」といえば、これは銀座の局番です。銀座はどこへ行っても五七一です。中央区の西銀座の電通通り、新橋駅の近くに平和相互銀行新橋支店がありました。ちょうど今のリクルートのビルのあるあたりです。リクルート本社ビルあたりは、当時、奥山ビルといいました。あゆみの箱事務局は、そこにあった平和相互銀行新橋支店の四階の半分を平和相互銀行さんから無償で提供してもらいました。それがあゆみの箱の初めての事務局でした。

私はヨットハーバーのパーティーで伴さんと知りあって、伴さんの代々木の家に行き、あゆみの箱で「がんばります」と決心を述べました。すると伴さんは言いました。

「おまえ自身も障害者なんだから、がんばってやれ」

「何もできません。電話さえきちんとしたことないんですよ」

「いや、やればできるんだから」

そういう激励を受けて、昭和四一年の春三月、私は初めて平和相互銀行新橋支店の奥山ビルの階段を上がりました。

当時のあゆみの箱の事務局は、まだ社団法人になっていませんでした。「社団法人設立準備委員会事務局」といっていました。ちょうど東京都へ申請のための書類集めが始まっていたところでした。申請の窓口は、東京都の総務局行政部指導課でした。

その設立準備委員会の事務局の電話番号が、あゆみの箱の最初の電話番号である「五七一―九〇二五」でした。あれからすでに三七年も経ちましたが、いまだにその「五七一―九〇二五」の電話番号が忘れられないのです。

事務局は、それからヤクルトのビルに行ったり、八重洲へ行ったり、目黒へ行ったりしました。今回移った恵比寿南の事務所は、初めて家賃を払うのですが、新しい事務所の電話番

中村光邦さんと私

号は、いまだに覚えられなくて困っています。

この「五七一―九〇二五」の電話によって、あゆみの箱事務局から日本国中にさまざまな連絡が発信され、そしてまた、遠くブラジル、ハワイ、アメリカ、海外でのチャリティショウも、この電話番号を通して交渉されたのです。総理官邸、厚生省、宮内庁、そして全国各地の障害者施設や関係者など、いろんなところへ電話しました。また、さまざまな芸能人や善意の方々がこの電話番号に電話をかけ、箱のお願いや受け取り、お礼などもすべてをこの電話番号が知っております。

当時、事務局には、中村光邦《てるくに》さんがいました。私と同年で、彼もまた障害者でした。俳優の中村是《ぜ》好《こう》さんの息子さんです。盆栽で有名なお父さんです。お父さんは、今はもう亡くなられましたが、とても愉快な方でした。エノケン一座にいたそうです。もちろん伴さんも森繁さんもよく知っていました。

その息子の中村さんは、幼いときに熱におかされたために、手足がつっぱったような状態で、すぐに腰掛けることもできませんでした。夏の暑いときは体の自由が利きますから大丈夫なのですが、冬場はほとんどお休みというのが彼の生活でした。

でも、私にとっては唯一仲の良い友だちであり、また喧嘩友だちでもありました。

彼の他にもう一人、平和相互銀行から出向してきた鈴石隆芳《すずいしたかよし》さんが加わりました。鈴石さんは銀行の仕事とあゆみの箱での仕事を半分兼務していました。あゆみの箱の仕事は、金銭の扱い、帳簿関係でした。

その事務所に頻繁に顔を出したのは、やはり伴淳三郎さんでした。評論家の秋山ちえ子さんも見えました。秋山さんは今はもう八〇歳を超えられていますが、今でもＴＢＳの朝の番組、「秋山ちえ子の談話室」でがんばっておられます。（ちょうどこの本の校正中に、四五年続いたこの番組が惜しまれて終了することになったというニュースを聞いた）

秋山さんに私はよく怒られました。

「あなたダメよ。文章がなってないわよ。何この文章、ぜんぜんわかんないわよ」

また、電話の掛け方でも、

「何なのあれは。ね、電話が来たら、ちゃんと相手の名前、電話番号、どういうことを言っ

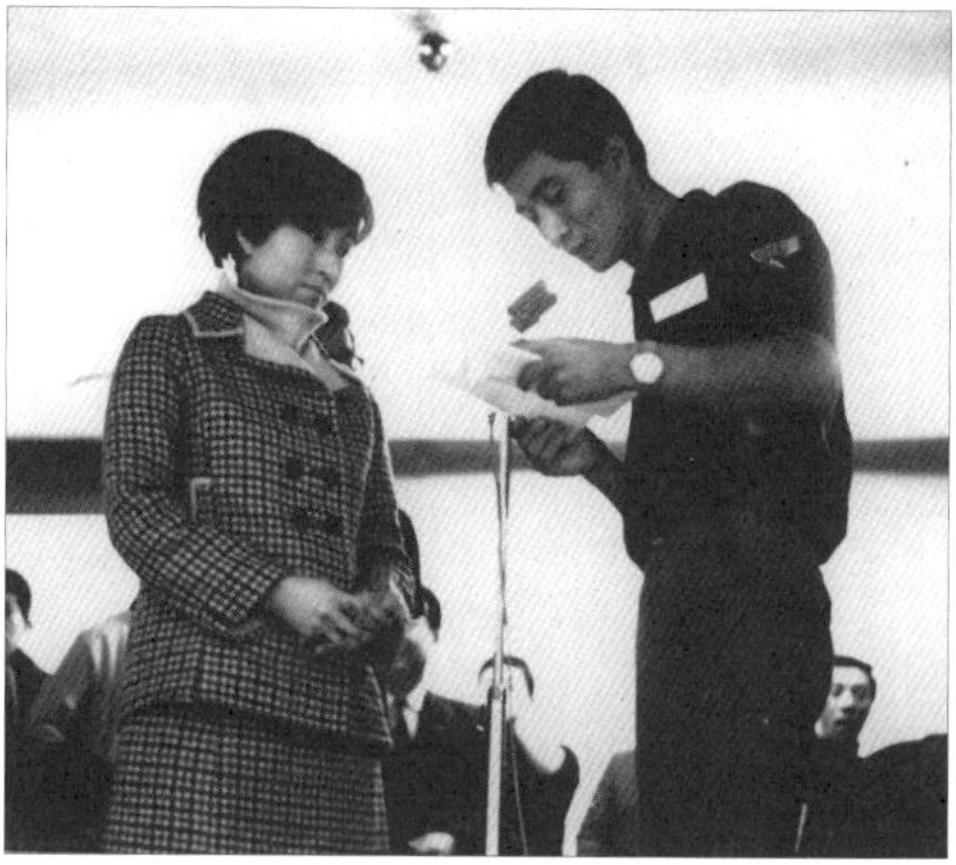
黒柳徹子さん

ておられるのか、ちゃんとメモしなきゃダメよ」

　何度も怒られました。またあるとき、おつかいに行ったとき、私はタクシーに乗ってしまいました。そしたら、すごく怒られました。

「あんたみたいな若い人がタクシーに乗るなんて、とんでもない話よ。タクシーなんかに乗って仕事をやってると、あゆみの箱の募金を使ってるんじゃないかと誤解されるから、絶対にこれからタクシーなんかに乗っちゃダメよ。ね、これからは電車に乗りなさい」

　などなど。秋山さんは、厳しく、そして優しく言われました。これが今となって大変役に立っています。

　女優さんでは、芳村真理さん、妹さんの吉村実子《じつこ》さんが、よく来られました。事務所では、いろいろお手伝いをいっぱいしてくださいました。チャリティショウがあるときなどは、どんどんあちこちに電話をして、出演者を決めてくださいました。

それから、黒柳徹子さんもよく来てくださいました。黒柳さんにも、いろんなところへいっぱい電話をしてもらって、いろんな出演者を決めていただいたことがありました。水谷良重さん（後の八重子さん）、そのほかにもいろんな人が来ました。

チャリティオークション販売風景

第一回目のチャリティショウのときには、芳村さんや黒柳さんたちは会場の売店だけでなく、場内でも売って歩こうということになりました。それで、会場で売るものを集めようと、雪印、森永、明治、グリコ、ロッテ、ヤマザキ製パンなどの企業へ、「今度チャリティをやりますので」と説明して、キャラメルとかお菓子とか、チョコレートとかアイスクリームとか、そういうものを寄付してくださいと、彼女たち自らがお願いに行きました。東京コカコーラボトラーズからはコーラをいただきました。それを彼女たちは自費で回ったのです。

そうしていただいた商品を、ショウの当日、場内で売り歩くわけです。手すきの芸能人たちも売り子になりました。大友柳太朗《りゅうたろう》さんなどは、「コーラのおじさん」と言われるくらい、コーラ販売を受け持って一生懸命がんばっておられていたのを覚えています。

かの森繁さんにしても、コーラ売場の前に立って「コーラ、いかがですか？　飲みませんか？」なんて言ってやっていたことがあるんです。伴さんは、よく野球場で見かけるような格好をしていました。弁当屋ではないのですけれども、肩に箱をぶらさげて売り子の姿になって、

571−9025

左から雪村いづみさん、芳村実子さん

「えー、キャラメルはいかが？　飲みものはいかがですか？　ヤクルトはいかがですか？　えー、キャラメルはいかが？　アイスクリームはいかが？　あゆみの箱にご協力ください」

と言って場内を売って歩きました。

若手では、坂本九ちゃんが売店部長で活躍し、コロムビアトップさん、ジェリー藤尾さんとか、とに

かくこの日、ショウに参加した芸能人たちがみんな一生懸命、本当にがんばってやりました。汗だくになってやりました。

そんなふうにやっているうちに、それぞれの出番がくると、「次は出番よ」と声をかけられて、舞台に上がってステージをやるというふうでした。

それが本当のチャリティではないでしょうか。だれもが手弁当で、何も欲するものもなく、ただただやるという、美しい姿だと思います。これが本当のボランティアでしょう。

当時は、ボランティアもチャリティもまだなじみのない言葉でした。今ではいろんなチャリティがあります。テレビでもチャリティ番組が組まれて、相当な額の募金が集まるそうです。

けれども、あゆみの箱が昭和四一年ころにやったチャリティショウというのは、参加者には交通費さえ出ない、まったく無償のボランティアでした。自分たちで切符を売って、自分たちでパンフレットもプログラムも、図案を考案し、印刷して、自分たちで売る品の寄付をスポンサーにお願いし、自分たちで会場を探し、切符のもぎりをし、舞台も裏方も、すべてを自分たちでやったんです。また、寄付金を用意して当日寄贈された方もおられました。

こんなチャリティショウは、まずないと思います。参加してくださったみなさんは、自分

牧伸二さん

では言えないと思うので、私は事務局の人間として、これだけは大きな声で言いたいと思います。これが昭和四十年代のチャリティショウだったのです。

ここで私たちが忘れていけないのは、ウクレレ漫談でお馴染みの牧伸二さんの存在です。当時NTTテレビ（現在のテレビ朝日）の日曜日のお昼の番組「大正テレビ寄席」で、牧さんはあゆみの箱の募金箱を机に置き、笑いをまじえて物品を場内のお客さんにチャリティセールをして、そのお金を募金するという大変評判を呼んだ人気番組でした。これは、「あゆみの箱」の名前が浸透した一つの要因となりました。

一方、大阪毎日放送の「がっちり買いましょう」という番組で、「あゆみの箱」が活用され、夢路いとし、喜味こいしさんががんばってくださいました。また、フジテレビの番組「タワープレゼント」では、トップ、ライトさんが司会でしたが、毎回場内募金を行いました。

こうしたみなさまのご協力があって、「あゆみの箱」という名が、全国的に広まっていったのだと思います。

やがてみなさんも忙しくなってきて、そのあとを継いだのが私たち事務局でした。事務局の私たちが、黒柳さんや芳村真理さん、良重さんたちが引いた路線を踏襲し、ずっとやってまいりました。

しかし、いろんな点で行き詰まってきました。まず、スポンサーがつかなくなってきました。テレビではフジテレビがずっとオンエアしてくださっていたのですが、それにつくスポンサーがなくなったこと、それから出演者がだんだん少なくなってきたということです。それから、あゆみの箱のチャリティショウをまねたものを他の団体やテレビ番組でもやるようになりました。そのようなことで、だんだん状況が悪くなっていきました。それまでは、東京体育館、宝塚劇場、帝国劇場などでやっていました。ところが、帝劇にしても宝塚にしても小屋代が高いから、だんだんと切符を売るのが大変になりました。ボランティアのご協力をいただいても、小屋代だけは絶対に払わなくてはなりません。しかし、それさえも苦しくなりました。

会場はやがて厚生年金会館へ戻ったり、日比谷公会堂へ行ったり、簡易保険ホールに行ったりしました。資金事情はさらに苦しくなり、やがてヤクルトホールになりました。ヤクルトホールは狭いですから、森繁久彌さんたった一人の講演会です。

そのとき、森繁さんは私に言いました。「おまえ、とうとうおれ一人にしてしまったな」って。そして珍しく、「ふん」って言われたことを覚えています。それは森繁さんには似合わない言葉でした。でも、それはそれで私はいいと思っていました。

そして、最後にもう一回チャリティショウをやろうじゃないかということで、森繁さんがたしかお腹の病気で入院した次の年にやることになりました。そのときは大盛況でした。いろんな人が参加してくれました。小野由紀子さんも河内音頭でがんばってくれました。黒柳さんもピアノを横において、いろんなことをやってくれました。植木等さん、日吉ミミさん、石井好子さん、バタやんこと田端義夫さんがすばらしい声を聞かせてくれました。ものまねの原一平さん、ボニージャックスさん、ペギー葉山さん、いろんな人が出ました。牧伸二さん、中村鴈治郎さんの息子さんも踊ってくれました。

歌舞伎と言えば、事務局に入った最初のころ、誰かいい人はいないかということで、玉三郎《たまさぶろう》さんに何度も何度も手紙を書いたり、電話をしたりしてお願いしました。

「どうか素踊りでいいですから踊ってください」

玉三郎さんは私の熱心な電話に、「いいですよ」と言って、たしか三番叟《さんばそう》だったと思います。素踊りで寿《ことぶき》三番叟でした。とにかく踊っていただきました。

それから坂東三津五郎さんの孫の八十助《やそすけ》さんも来てくださいました。東京の歌舞伎座に行って、八十助さんにも単身会って、「ぜひ踊ってください」と依頼しました。「何を踊りましょう」と言われ、私もその問いには困りました。けれども、とにかく私は恐れることなく、恥じることもなく交渉に臨みました。どこへでもとんとん行って、お願いしたものです。若かったのです。恐いもの知らずでした。今の自分と違うようなところもありました。

京マチ子さん

京マチ子さんのきれいな踊りも素晴らしいものでした。京さんは以前からあゆみの箱に協力してくれていました。それが縁で、京さんはブラジルへも行ってくださいました。京さんのマネージャーの市川さんはとても良い人でした。市川さんにもぼくはよく怒られたものです。「野田ちゃん、あんたダメよ。こんなことばっかりやってて」なんて言って怒られたことを覚えています。

芸能人のマネージャーにもいろんなタイプがあって、周囲にとても気をつかう人、またぜんぜん気がつかない人などいろいろいました。個別の件を言うのは差し支えがありますので言いませんが、ほんとにいろんな人がいました。

それはさておき、とにかく「五七一―九〇二五」の電話で始まったあゆみの箱も、七年目にしてヤクルトビルへと移りました。ヤクルトビルの事務所はそんなに広くありませんでした。でも新社屋だったので、とても気持ちのいい快適な部屋で、がんばることができました。

会議室は、ヤクルトの重役室を使わせていただきました。そこにずいぶんいろんな人が集まりました。森繁さん、伴さん、三津五郎さん、志摩さん、高橋圭三さん。でも、なんとなく女性はあまり集まらなかったようです。女性では、赤木春恵さんくらいでした。

松山善三さんにもずいぶん私は怒られました。だれからもとにかく、誉められたことは一回もありませんでした。みんなから「ダメだ」「言い方が悪い」と、怒られました。

ある日、理事会を開いたときに、私は立ち上がって、

「それでは、お集まりのようですので理事会を開きます」

と言ったときに、

「野田さん、なんて言い方するの！　みなさんにお集まりいただいたので、理事会を開催いたします。開催するじゃないでしょう！　開かせていただきます。そう言わなきゃだめよ」

と教えていただきました。

「はい、わかりました。では、開かせていただきます」

というように、一事が万事、何をやっても教えてくださる方がたくさんいました。

ですから大変勉強になりました。本当に学校に行ったことのない私は、みなさんのそうした一つ一つの細かい教えでずいぶんと助かったことを覚えています。

三越の売り場と劇場で大掛かりなチャリティをやることになり、ずいぶん品物を集めました。第一回目のメインとして、日本橋三越の売り場を提供していただくことができました。

そうして、三越では大盛況のうちに終了。そのころはまだ九ちゃんも元気でした。坂本九ちゃんはそのチャリティショウでは手話で歌いました。トップ・ライトの漫才も観られました。森繁さんはもちろん、淡島千景さん、三崎千恵子さん、小野由紀子さんなど、いろんな人が出演しました。

東宝ゆかた会というのがありました。東宝の女優さん俳優さんの多くが勉強会としてゆかた会を結成して、それを毎年一回やって、その収益の一部を日本俳優協会とあゆみの箱へ寄付していただいていました。ゆかた会は、いつもあゆみの箱のチャリティには賛助出演してくれました。主催者は山田五十鈴さんと、歌舞伎の中村又五郎さんでした。会のメンバーが出演してくださったのを覚えています。

それから、子どものバレエもありました。これが大変うけました。三越の大会とデパートの売り上げを合わせて、七〇〇万円近い売り上げだったのを今でも覚えています。三崎さんも大喜びでした。大変いい思い出です。また、これには森繁夫人の大きな協力がありました。

そして、その会場に常陸宮《ひたちのみや》御夫妻がいらっしゃいました。常陸宮御夫妻は、第三回の武道館でのチャリティショウからずっといらっしゃっています。第二回目の武道館のときに、当時、自民党副幹事長でのちに内閣総理大臣になられた竹下登さんが、自民党からの寄付金を持っていらっしゃいました。昭和四一年の三月だったと思います。

コロムビアトップさん

のちに、私どもの理事であるコロムビアトップさんが参議院議員の全国区に立候補して当選したとき、参議院予算委員会で質問しました。当時、竹下さんは総理大臣でした。

「竹下総理、あなたはあゆみの箱をご存知ですか?」

という質問に対して、

「はい、存じております。たしか、私は党の副幹事長のとき、武道館で開催されたチャリティショウに自民党の寄付金を持って参上したことを覚えております。伴淳さん、森繁さん、いろんな芸能人の方がやっておられた、大変立派な団体だということを記憶しており、みなさんのその姿に尊敬しました」

と答弁されました。

それを私はたまたまラジオで聞いて、とても感動しました。トップさんは、中曽根さんのときも海部さんのときも、総理が変わる度に、自分の在任中のときの総理に、必ずあゆみの箱のことを聞きました。そして、ほとんどの総理はあゆみの箱のことを知っておられました。トップさんは、常にあゆみの箱を意識しながら、福祉関係の議員として障害者の関連法案に真剣に取り組み、いくつかを実現させました。そのご苦労は大変だったと思います。

今トップさんは、あゆみの箱の代表理事として、私たちの指導者としてがんばっていただいています。長生きしていただきたいと思います。

話が横に行ったり前後したり、ばたばたしましたが、とにかく最初のころは当時の若手の芸能人たち、黒柳さん、芳村真理さん、吉村実子さん、水谷良重さんたちがいろいろ発案し、そして演出の山本紫朗さんと打ち合わせをして、ショウをつくっていきました。それに伴さん、森繁さんが乗っかったという感じでした。

みなさんも、だんだん忙しくなり、第四回目からはわれわれが引き継ぐことになり、ショウにはスケジュールを空けて出演してくれましたけれど、細かいことはやらなくなりました。ですから、その後を引き継いだ私は、もう、てんやわんやの大騒ぎでした。みなさんがつくってくださった道をけがさないように、間違いをおこさないように、一生懸命やりました。チャリティショウは二六回まで続きました。バブル経済が破綻するまではスポンサーもお金を出してくれましたが、それ以後、だんだんと少なくなりました。

消費税という税金の導入により、あゆみの箱の募金は激減しました。消費税の導入以前は、多くの方にとって、一円玉はあまり必要のないものでした。ですからあゆみの箱やそういった共同募金があれば、その小銭を入れてくれました。ところが消費税の登場によって、一円玉が必要になり、だれもが募金を控えるようになって、またたく間にあゆみの箱に入らなくなったのです。以前は、四〇〇〇万円集まったのが、その半分になってしまいました。

あゆみの箱には、いくつかの節目がありました。

第一の節目は、オイルショックです。オイルショックでガーンときました。このときはもう、スポンサー関係からの協力が激減していました。箱はまだありました。箱の中身はまだ大丈夫でした。ところが今度は、消費税で箱のほうも半分に減りました。それから少しは戻ったんですけれども、消費税が三%から五%になり、さらに追い討ちをかけられて、もっと減ってしまったわけです。五%になってからはもう、本当に大変でした。

現在事務局は、正式な職員は私一人です。あとはパートとボランティアで、そういったみなさんの助けによってやっています。

しかし、私自身の体がもうガタガタです。私は二つの障害を持っています。脊椎カリエス、体幹障害、それと、いわゆる呼吸器、内部障害です。呼吸器障害は障害者手帳三級、脊椎カリエスの体幹障害は四級です。

五年前からは、携帯の酸素補給装置を持ちながら仕事をやっていますので、その不便なことといったらありません。もともと体は小さいうえに、酸素ボンベの方がでかいときてるから、それは大変です。酸素ボンベを動かすだけでも精一杯。それでも私はがんばってやっています。最初は苦しくなって仕方なかったけれど、今では、それも苦にはなりません。

ただ問題なのは、酸素を吸っていますと、どうしても二酸化炭素がお腹に残ってしまうのです。特に私は変形した体ですので、うまく二酸化炭素を吐き出すことができない。それで腹式呼吸を当初はやっていたのですが、その腹式呼吸をやるのもまた大変なのです。

のどを痛めてしまうのです。のどがからからになってしまって、ゲーゲーいうのです。で

すからついつい、のどを痛めたくないために、腹式呼吸をやらない。やらないと炭酸ガスがたまってしまう。という悪循環で、入退院を繰り返しました。炭酸ガスがたまると、酸素がうまく体内に入らないために、どうしても苦しくなってしまいます。息苦しくなり、頭も痛くなり、ぼーっとしてしまったり、いろんな症状が出て私を悩ませます。

事務所移転の歴史

あゆみの箱の運動の中で、大きな節目となった事務所移転のことを記します。

まず、あゆみの箱の運動が生まれたときの事務所は、平和相互銀行新橋支店四階にありました。銀行と取引のあった伴さんが、当時の支店長大平康さんに頼んで、無償でその事務所を提供してもらえることになったからでした。

広さは二〇平米《へいべい》くらいあったと思います。小さな部屋でした。昭和四一年の五月に私が伴さんの紹介で事務所を訪れたときに見た記憶では、机が二つ、電話が一本、ゴミ箱が一つ、長椅子が一つ、そんなものでした。

中村光邦さんが、専任事務局員として一人でがんばっていました。そして、会計の鈴石さんは、平和相互銀行の総務の仕事を兼務して、あゆみの箱の経理もやっていました。事務局

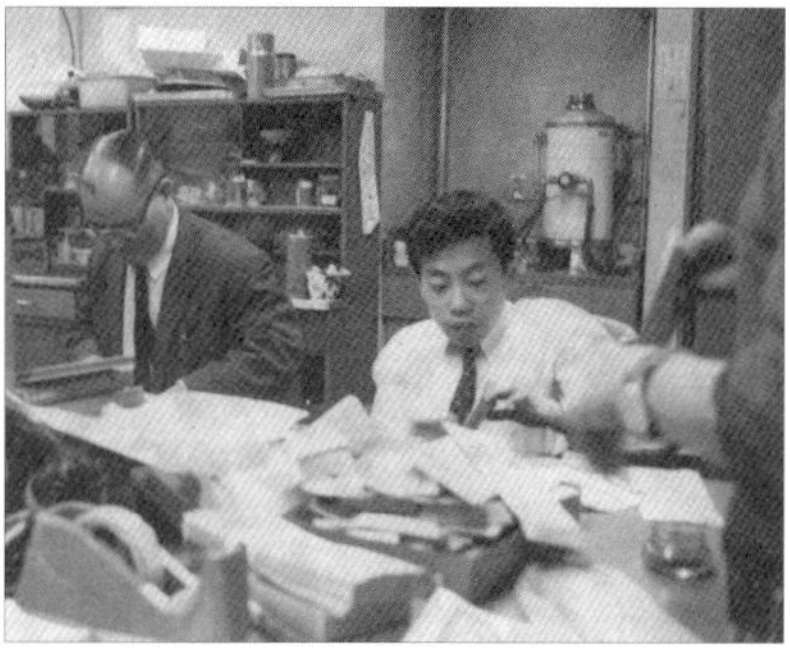
いちばん最初の事務所

長は山本正さんという大洋漁業系の会社の社長さんでした。
あゆみの箱は、平和相互銀行の新橋支店に六年間お世話になりました。そのあと、新橋の昭和通りにヤクルト本社の新社屋が完成しました。ヤクルトは、以前からあゆみの箱に大変な協力をしてくれていました。ヤクルトのオーナーの松園さんは、伴さんや森繁さんと昵懇でした。その関係で、新社屋の六階の一隅を無料で借りられることになり、ヤクルトへ移りました。
そのとき、経理の鈴石さんは、もう銀行とは関係がなくなるので、「私は辞める」と言い、七年目で辞められました。そして、中村さんも辞めました。私と事務局長、そのころの事務局長は奥村静雄さんといって大変有能な方でした。その二人だけで、ヤクルトへ行きました。経理は、半井京子さんといって、やはり平和相互銀行から来ていました。給与はあゆみの箱が払っていました。
新橋のヤクルト本社には一年半いました。そして自身の都合で奥村さんは辞めました。事務所の提供は、お金を扱うのだから、やはり銀行がいいだろうということで、再び平和相互銀行のお世話になることになり、今度は東京駅八重洲口の平和相互銀行八重洲口支店の五階に事務所を移転しました。

大きい事務所でした。とても贅沢な場所でした。南方に窓があって、光がいっぱい入ってくる素晴らしい事務所でした。ここに一〇年いました。それがあゆみの箱の成長期であり、最盛期でした。この事務所は、豪華絢爛たるものだったと私は思います。この事務所で、ブラジル大会、アメリカ大会、そして、全国津々浦々でのショウをやり、大きな実績を残しました。

この事務所で、年に少なくとも三回は理事会が開催されました。にぎやかな理事会でした。ほんとに素晴らしいメンバーが来ました。伴さん、森繁さん、三津五郎さん、明蝶さん、松山善三さん、ジェリー藤尾さん、坂本九さん、木田三千雄さん、山本紫朗さん、志摩夕起夫さん、この理事会から国会へ出たコロムビアトップさん、ライトさん、赤木春恵さん、淡島千景さん、水谷良重さん、日吉ミミさん、三笑亭夢楽さん、いろんな方々が来ました。理事会は、アマンドの本館で深夜の時間に開いたこともときどきありました。

明蝶さんといえば、もう亡くなりましたが、一時、あゆみの箱の関西支部を結成したときの支部長でした。大村崑《こん》さん、佐々十郎さん、茶川一郎さん、大久保怜さん、そんな方々が関西のメンバーでした。

曽我廼家明蝶さんは、明蝶学院という芸能の学校を心斎橋《しんさいばし》でやっておられました。それで、そこを事務所にしてがんばられました。でもやがて、明蝶さんも東京での仕事が多くなってその事務所が閉鎖されてしまいました。

その明蝶学院の前に十三《じゅうそう》のボウリング場があって、そこにあゆみの箱の大阪連絡所をつくり、ボウリング場のマネージャーに面倒をみていただいていたのを覚えています。そのボウリング場で、明蝶さんが中心になって企画されて、ボウリング大会が開催されました。明蝶さんは、そのときの印象を語っています。

「あゆみの箱のことをお願いに来たこの人の姿を見てると、『できまへん』とは言えないんだよ。わかるかよ、伴さん」と言われたのを覚えています。明蝶さんもいい人でした。数年前、志摩夕起夫さんが亡くなった同じ年に、明蝶さんも芦屋で亡くなりました。

いろんな思い出があります。大阪大会を厚生年金会館と毎日ホールでやりましたが、特に毎日ホールでは、

明蝶さん

伴さんと森繁さんが馬になって、馬のぬいぐるみを脱いだら、そこから伴さんと森繁さんが出てくるハプニングがあるという筋立てでした。今から考えると、あゆみの箱ならではのシーンです。普通のコンサートではとてもできません。あゆみの箱だからできたんです。このショーは毎日テレビによって、大阪地区に放送されました。

関西支部では大村昆さんとか、佐々十郎さんとか茶川一郎さんが中心でした。そのころから、吉本興業はぐんぐん成長していました。芸能界は変わりました。

やがて、東京の八重洲の事務所も、住友銀行が平和相互銀行を吸収合併することになり、事務所の場所も移されました。今度の場所は、つい最近までいたJR目黒駅前の目黒東豊ビルの四階でした。ここには七年間いました。

このころは、私にとってもあゆみの箱にとっても、あまりいい年月ではありませんでした。私のことを言いますと、八重洲のときには、少し気管支を患って入院したことがあります。弘重病院というところに三か月入院しました。昭和五九年、三越劇場でチャリティショウをやっていたときでした。もうそのころは伴さんはいませんでした。三か月の入院中、お見舞いに来ていただいたのは、コロムビアトップさんと原一平さんでした。でも、すぐ元気になり、それから一生懸命がんばりました。

八重洲のころは、各地区で開かれるチャリティショウも積極的に行い、私はほとんど事務所にいませんでした。一週間のうち、半分もいませんでした。縦横無尽に活躍した、私の青春の黄金の日のような気がしてなりません。

八重洲から目黒に移ったころ、体の不調を訴え、幼少のころにかかった脊椎カリエスで入院しました。それから酸素不足となり、携帯の酸素ボンベをつける結果となってしまいました。それが元で、今では、毎年入退院を繰り返すということになってしまいました。

平成一四年、住友銀行の不良債権の処理問題や、三井住友銀行への新制度への移行にともなって、目黒の事務所から出なくてはならなくなってしまいました。立ち退きを一年間延期にしてもらいましたが、二〇〇二年の四月二日に、やっとの思いで今の恵比寿南にある三王ビル五階に移転しました。

あゆみの箱は、初めて家賃を払う事務所に引っ越しました。荷物は三分の一に減りました。ほとんどの荷物を協力者の永原社長にお願いし、埼玉の八潮の倉庫に保管していただき、あとはすべて処分いたしました。

事務所についての簡単な経緯を説明しました。四〇年間あゆみの箱が続いたのは、事務所があったからこそだと言って過言ではないでしょう。

伴淳さんの募金活動

　伴さんと私は、よく一緒に出張に行きました。空港の待合室で、伴さんはいつも言うんです。

「募金やってみようか」

「いやあ、先生、よしたほうがいいですよ」

「そうか？　おまえの話を聞いてると、みんな否定的だな。でも、今日はやってみることにするよ」

　伴さんは、やおら白いハンカチを出して、それをくるくるっとうまく箱みたいな形につくりました。そしてそれを持って、まず第一声を放ったのです。恥も外聞もなく。

「えー、伴淳三郎でございます。今、私たちは、障害者のための募金運動をやっています。ど

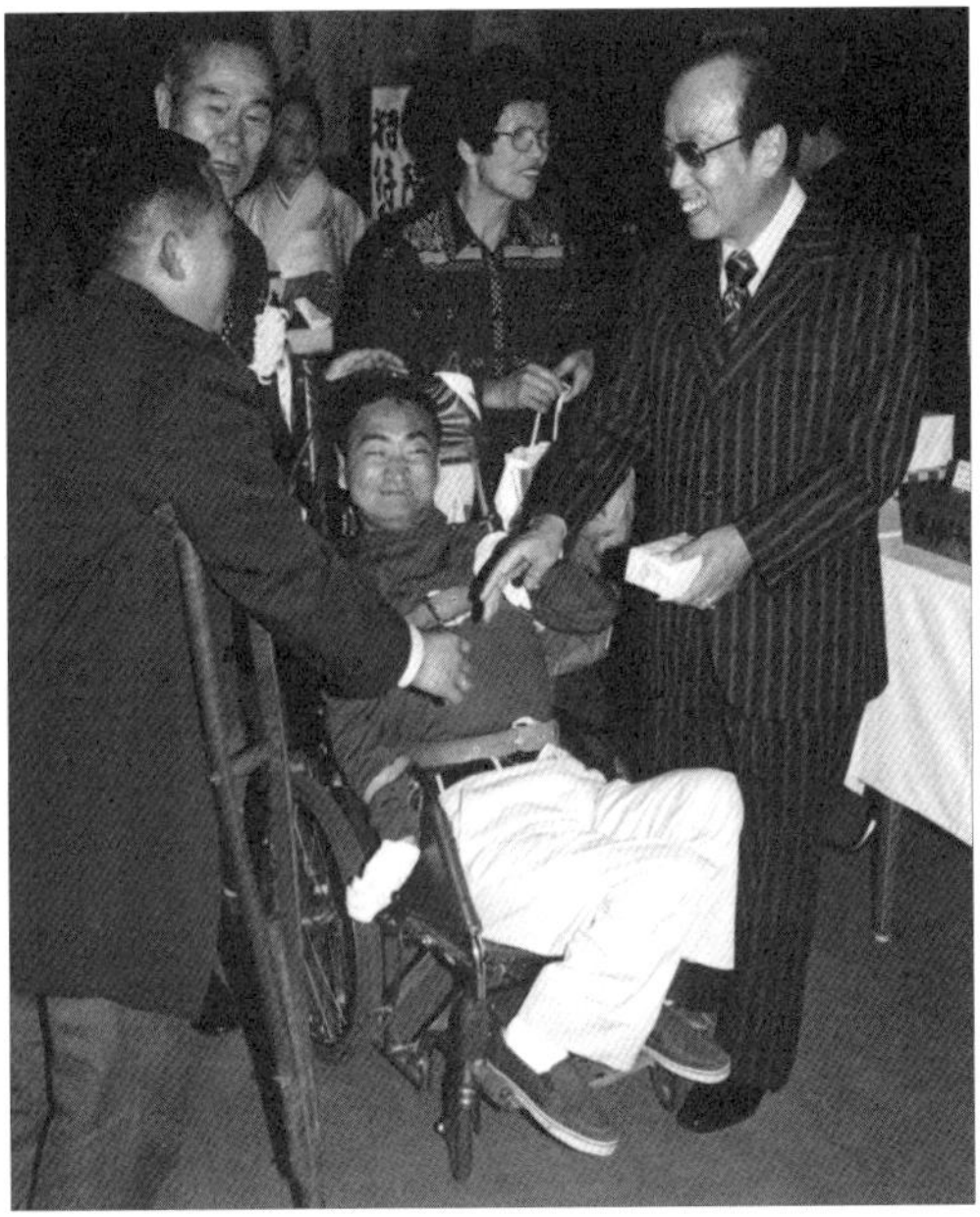
伴淳三郎さん

うか、このハンカチの中に、ポケットの中の小銭でけっこうです。一円、五円、一〇円、一〇〇円、大きいお札でもけっこうです。ご協力のほど、よろしくお願いします」

伴さんは平気で大きな声を出して、ハンカチの箱を持ちながら、待合室の中の人々の間を縫って歩きました。そうすると、たちまち、チャリンチャリン、そのチャリンチャリンが人を呼ぶようにして、だんだんとこれが大きくなっていくんです。中にはお札を入れる人も出てきます。

「あー、ありがとうございます。ありがとうございます」

伴さんは、一人一人にていねいに頭を下げます。ですから、見ていた私もいてもたってもいられなくなって、結局、伴さんの後ろについて、

「よろしくお願いします。ありがとうございます。ありがとうございます」と言いながら、歩くのです。たちまち、小さなハンカチは募金でいっぱいになりました。

伴さんは、

「ここにいる野田洋典というのは、あゆみの箱の事務局の人間でございます。えー、今から、みなさんの目の前で数えます」

と言って、二人でさっそく近くにあった航空会社のカウンターの上でお金を数えます。全部で三万円近くありました。数えた額を伴さんは発表します。

「今いただいたお金は、三万いくらございました。ありがとうございました。必ずや障害者の施設にお送りします。ほんとにほんとに、ありがとうございました」

伴さんは、ほんとに、みなさんに心からお礼を申し上げて挨拶して、その後、航空会社の人にもお礼を言って、飛行機に乗って帰るんですけれども、私は恥ずかしくて恥ずかしくて、どうしようもなかったことを覚えています。

伴さんは、JR（当時は国電）の駅の構内でも同じようにやり始め、駅員にとがめられて、ケンカをしたこともありました。また新幹線の中でもやり始めて、やはり車掌さんに怒られてやめたこともありました。

伴さんはずいぶん熱心でした。ある日、ある大きな会社のビルの前で、伴さんは車を止めました。

「おい野田、ここは何ていう会社だ?」

「これは、建設関係の会社じゃないかなあ、有名ですよ」

「よし、じゃあ、おれ行ってみるよ」

「えっ! 先生、今行ったって、どうせ役員会かなんかやってますよ」

「おまえはすぐそういうこと言うんだよなあ。自分は行かないなんて。だめだよ、そんなことじゃ」

伴さんは、さっそく車から降りて受付へ行きます。例のとおり、ちょっと調子よく、伴さんは気取って言うんです。

「伴淳三郎でございます。えー、社長さんはいらっしゃいますか」

「はい、少々お待ちくださいませ。ただいま、社長は早朝の重役会議でございます」

「ああ、そうですか。伴淳が参りました。お願いに参りましたので、一分でも二分でもお会いしたいのですけれども」

「はい、しばらくお待ちください」

そして、五分くらい待っていると、リーン。「あ、かかってきた」

「はい、受付でございます。はいはい、今いらっしゃいます」
二、三分もしますと、エレベーターが開いて、秘書らしい人が現れ、
「ああ、伴先生、どうもどうも。どうぞ、お上へどうぞ」

と招かれて、私と伴さんは、上へあがりました。ちょうど会議の真っ最中でした。それを中断して、その社長さんは応対してくれたのです。

「いやあ、伴さん、よくいらっしゃいました。今日は何ですか」

「実は、こういうあゆみの箱の運動を始めまして、みなさんにご協力いただきまして、この会議の場を借りまして、みなさまから一円、五円、一〇円、一〇〇〇円、障害者のためのご喜捨をお願いしたいのですけれども」

「ほう、そういうことですか。じゃあ、どうぞやってください」

伴さんは、一人一人にていねいに頭を下げて回るんです。お金はたちまち箱に入りました。

伴さんは、後日、この箱を開けて、領収書を送ったそうです。

「本日は突然おうかがいしましたのに、本当にありがとうございました」

伴さんは、深々と頭を下げて、社長に言って帰るんです。

「社長さん。ありがとうございました。今度、この箱をこの野田に持って行かせますから、受付に置いてください。お願いします」

「箱を置くくらいなら、大丈夫ですよ。先生、がんばってくださいね」

そうやって、伴さんは、また車に乗って行きます。伴さんというのは、そういう人でした。どこに行っても休む暇なく、いつもあゆみの箱のことを考えていました。ですからそばについている私たちも、四六時中、体も頭も休まる暇がありませんでした。でもそれだからこそ、四〇年の伴さんの箱のルートが今でも残っていると言えるでしょう。まったくすごい。

沖縄での伴淳さん

何十年も前のことです。森繁さんと一緒に名古屋からの出張の帰りのことでした。

「おまえ、いくつになった？」

「はい、あゆみに入ってちょうど一〇年になります」

「ほー、もう一〇年か。慣れたろう」

「いやあ、なかなか大変です。こまごまとしたことがあります。理事の間のご意見の調整をするのが大変ですよ」

「まあそうだな。おまえに一つ、言葉を贈ってやろう。手帳をちょっと貸してみな」

と言って、森繁さんは私の手帳に次のようなことを書いてくれました。

「小さな行いは、なし得ぬ大きな計画よりも勝るものなり。野田洋典君へ」

手帳の白い部分にそのようなことを書いてくれました。

「いいか、どんな大きな話よりも、やはり実行を伴うことがいちばん大事だ。特にあゆみの箱の運動というのは地味であるべきなんだから。そしてこの箱が原点なんだから、箱を守っていくのが君の本来の仕事なんだから、一生懸命やりなさいよ」と言ってくれたのでした。

そのような言い回しはしませんでしたが、伴さんも同様な考えでした。ただ、伴さんの場合は、チャリティショウを広げていき、それによって運動を全国に波及させようという考えが強かったのです。

沖縄にチャリティショウを持っていったときも、伴さんが火付け役でした。沖縄のショウは大変でした。ショウの二日前に沖縄に入ったとき、いきなり伴さんは地元の主催者に言いました。

「宣伝カーに乗って回りますから、那覇署へ行って許可書もらってきてください」

「いやあ、先生、それは無理ですよ。今日来て、今日回るなんて」

「仕事で今日来たのですから、お願いします」

しぶしぶ地元の方は那覇署へ行き、担当の課にお願いしました。

「だめですよ、だめだめ。そんな今日来てね、そんなすぐ許可を出せなんて、だめですよ」

「地元の沖縄の育成会の者が主催者なんです」

「ふーむ。それにしたって、今日申請して今日回るっていうのは、無理です」

それで仕方なく、伴さんが泊まっている宿泊所へ帰って、「やっぱりだめでした」と報告しました。

「何が『やっぱり』なんですか。よし、じゃ、私が行ってきます」

と言って、伴さんは那覇署へ出かけました。そして何時間か経って電話がかかってきました。

「ＯＫとれました！　人間は気持ちなんですよねえ。まごころ持ってやれば（伴さんはまごころという言葉が好きなんです）まごころを持って接すれば、絶対にＯＫになります」

なんだかんだ言いながら、伴さんは宣伝カーに乗りました。そして一日中、あゆみの箱の宣伝をして那覇の市内を回りました。

その成果があって、那覇市民会館の前には長蛇の列ができました。出演者は、千昌夫さん、高田浩吉さん、近江俊郎さん、赤木春恵さん。それから沖縄舞踊団。大盛況で終わりました。沖縄ではたしか二回やったと思います。

那覇の海岸べりの東急ホテルに宿泊したときのことです。伴さんの部屋の電気が暗くて、ずいぶん怒られました。

「こんな暗い部屋、おれは泊まれねえよ！　何とかしろよ、おまえ。森繁だったら、もっと怒るぞ」

何かあると、伴さんはすぐに森繁さんの名前を出してきます。

「おれはいいんだけど、森繁だったらもっと怒るぞ」

必ず伴さんは、そんな言い方をしました。それも今ではとても懐かしい思い出です。

ショウ終了後、本隊を引き連れて、宿泊地に帰ったのですが、どうも人数が足りないと思って考えたら、ウッカリして伴さんと赤木さんを那覇市民会館の別館に置いてきぼりにしていたことが判明、あわてて迎えに行きました。これまた怒られました。

海外大会のこと

昭和四五年に、あゆみの箱は、第一回目の海外大会を開きました。ハワイ大会です。ちょうどジャンボジェット機がその航路に就航した年でした。

現地の二世部隊、日系部隊が主体となって、ＨＩＣアリーナ体育館で開きました。

ジャンボ機一機をチャーターして、阪急交通社が窓口になって募集し、約三〇〇名以上の人たちを集めました。

あゆみの箱は、森繁さん、伴さん、坂東三津五郎さん、俳優の若山富三郎さん、長沢純さん、朝丘雪路さん、千昌夫

さん、村田英雄さんなど、錚々たるメンバーでした。

私と同僚の中村君も一緒に行きました。私たちは、四泊六日のツアーに自費で参加しました。今でも覚えています。費用は、たしか三〇万円くらいだったでしょうか。半分遊びと半分仕事のようなものでした。そのころは、裏方の苦労というのがまだよくはわかっていませんでした。海外大会の苦労というのも未経験でした。だから、いろいろな事情もよくのみ込めていませんでした。

海外大会は、やがて、ブラジル大会へと発展していくのですが、やはりその火つけ役は、伴淳三郎さんでした。ハワイ大会もそうですし、ブラジルのサンパウロでの大会も、伴さんが松竹の仕事で行って、関係づけられました。日系人の協会や二世の方々、現地邦人の人たちにお願いし、そして火付け役になる、これは伴さんのいつもの役目でした。

地方でもそうでした。すべては伴さんの力でした。いま

ハワイ大会

ブラジル大会ポスター

だに伴さんの灯した火は、この四〇年間灯し続けられています。麺業組合ほか、いろんな団体から協力をいただいていますが、そのほとんどすべては、伴さんが火をつけたと言っても過言ではないでしょう。それをまとめ、継承していったさまざまな芸能人、そして私たち事務局も大変でしたが、何と言っても、火つけ役の伴さんというのは、すごい人でした。

ブラジルは、ちょうど日本の裏側で、大変遠いところでした。行くだけでたしか一八時間ぐらいかかりました。まずハワイを経由して、それでサンフランシスコ。そして、ブラジル航空、バリユーム航空というんですが、それに乗ってペルーのリマへ行き、リマからサンパウロへという航路でした。

第一回目は、伴さん、森繁さん、三津五郎さん、それから、鶴田浩二さん、勝新太郎さん、春日八郎さん、千昌夫さん、渡辺はま子さん、榎本美佐江さん、京マチ子さん、などが参加されました。

特に、現地邦人から、「鶴田さんをぜひ」と要望され、鶴田さんが来なければ開けないというようなことでした。その出演交渉を、なんと三〇歳そこそこの私がやらなければなりませんでした。しかし、どうやったらいいのかわかりません。当時の私はタレント名簿を繰って、鶴田さんの世田谷区奥沢にあったお屋敷に電話しました。なかなか電話はつながりませんでした。それでも何度も電話しているうちに、とうとう鶴田さんは電話に出てくれました。

鶴田浩二さん

鶴田さんは一つ一つ説明してくれました。君の言っていることはよくわかる。だけど、私は東映に雇われている俳優だ。東映がOKを出さない限り、私は動けない。したがって私に直接電話をいただいてもだめだということでした。それで私は「何も知らないままお電話して大変失礼しました」と謝り、では、「東映に電話すればいいんですね」と言いましたら、鶴田さんが言いました。

「君が東映に直接電話したって、何だかんだ言われて、たらい回しされちゃうから、伴淳三郎さんと相談して、有力な人を伴さんはきっと知っておられるから、それをよく聞いて、東映の京都撮影所の俊藤浩茲プロデューサーに話をすれば、うまくいくと思うよ」とアドバイスをいただいて、電話を切りました。

そのアドバイスに従いまして、伴さんに相談に行き、それから私では力不足のため、伴さんが京都へ行ってお願いしました。その結果、やっとスケジュールをいただくことができました。当時、鶴田さんは「傷だらけの人生」という歌が大ヒットして、大変な過密スケジュールでした。それでも、二週間スケジュールを空けていただきました。

そこまではよかったのですが、いよいよブラジル大会があと二か月に迫ったころ、鶴田さんからスケジュールのことで直接事務局に電話がありました。そのときご本人から、

「あゆみの箱の最高責任者は誰なんだ」

「今は、伴さんです」

「じゃあ、毎年変わるのか」

「そうです。代表理事が四人おりまして、水谷八重子さん、坂東三津五郎さん、伴淳三郎さん、森繁久彌さんの順番制でやっております」

「じゃあ、出演交渉をしたときは、森繁さんだったかな」

「三月末まではそうでした」

「森繁さんは、この間、ハワイに行ったとき、飛行機の中で会ったんだよ。そのとき、あゆみの箱のことは何も言わなかったよ」

というようなことを言われました。事務局として、当時の森繁代表にこの件を話していなかったのです。したがってこれは私の責任なのです。

それで心配になって、伴さんやみなさんに相談しました。そして、出発の日になって、山本紫朗さんやスタッフ先発隊が次々と飛び立っていきました。私は、鶴田さん、春日八郎さん、渡辺はま子さん、千昌夫さん、そしてかつらの人、衣装の方、裏方の人たちと一緒に行きました。

私は、鶴田さんの電話の話が非常に気になって仕方がありませんでした。羽田空港でも、鶴田さんの顔を見て、いろんなことを考えて、とても眠れぬままリマへ着きました。それから、リマ経由でサンパウロに着きました。サンパウロの空港からホテルへと、バスは主力メンバーを乗せて走って、ホテルに到着しました。日系人の方々が私たちを温かく迎えてくれました。

かの鶴田さんは入口からドアを開けて入っていきました。そのときでした。森繁さんが、つかつかっと鶴田さんに近づいて、そして深々と頭を下げて、

「お忙しい中、あゆみの箱のために、ありがとうございます。どうぞよろしくお願い申し上げます」

というようなことを言われました。鶴田さんはニコっと笑って、何でもなかったように、「ああ、こちらこそ」と言って、自分の部屋へ入ってゆかれました。私はホッとしました。

ブラジル大会の前には二日間練習があるのですが、本番直前に勝新太郎さんの出演が決まったのです。本当に間際になって決まりました。そのときは、中村玉緒さんと離婚するという話があって、週刊誌やマスコミが大変騒いでいたときでした。

サンパウロのイビラプエラ体育館で計六回公演をやりましたが、約四万人の日系人の人々が集まって好評の噂で持ちきりになりました。そんな第一回目のブラジル大会でした。

結局、ブラジルでの収益金は国内には持ち帰れないということで、希望の家という社会福

祉の家の建設のために、邦人協会へ委託して帰りました。渡航費、宿泊費、その他準備のための費用は、もちろん現地でもっていただきました。

「あゆみの箱」は芸能人を中心とするグループが　心身障害児（者）の為に　愛の心とお金を集める社会福祉事業助成団体です。　日本全国各地に募金箱を設置して浄財を集めると共に　チャリティ　ショーや　オークションを開催して芸能人が芸を奉仕する事により社会福祉に対し僅かでも尽す善意の運動です。皆様から集められた募金は心身障害児（者）の施設に配布されます。

出演者（順不同）

長谷川一夫　あでやかな踊りと芝居で、すべての女性を魅了する当代随一の千両役者。

伴　淳三郎　独特の芸風で笑いを巻き散らし乍ら人生の哀歓を演じるベテランの喜劇俳優。

高田　浩吉　歌に芝居に華やかな演技で永年に亘り巾広い人気を保つ永遠の美男子。

淡島　千景　踊りに芝居に益々円熟の境地を見せる美人女優。

由紀さおり　可憐な容姿で女の歓びと哀しみを唄う人気歌手。

小野由紀子　華麗な振りで演歌の神髄に迫る美人歌手。

引田　天功　奇術と催眠術で世界に誇る日本の魔術師。

柳沢　真一　ジャズから民謡まで巾広い歌の外コメディアンとして軽妙な持味を披露。

林　成年　父長谷川一夫の芸風を学び乍ら、新境地を開拓し見事開花させる。

花柳芳次郎　伝統の踊りの世界に新風を巻き起こす舞踊界の貴公子。

西川鯉四郎　芸に対する情熱と厳しさで鍛えぬいた見事な踊りを披露。

長沢　純　歌手として若者のアイドルから脱皮。司会の分野でも大活躍中。

構成・演出：山本紫朗　振付：花柳芳次郎

協力出演：藤間勘須磨門下生

Latecomers will not be seated until the first convenient pause in the performance. / Invited guests are welcome backstage after the performance; use performers' entrances: Grand Ave. side of Plaza for Pavilion, corner of Temple & Grand for Ahmanson, and rear of theatre for Forum. / Use of tape recorders and/or cameras prohibited in auditorium. / Your use of a ticket constitutes acknowledgement of willingness to appear in photographs taken in public areas of The Music Center and releases The Music Center Operating Co., its lessees and all others from liability resulting from use of such photographs. / Program and artists subject to change. / Patrons cannot be paged during a performance. Individuals expecting emergency calls must leave their seat numbers with the House Manager.

アメリカ大会プログラム

ブラジル大会で忘れてはならないのは、丹下セツ子さんのご協力です。丹下キヨ子さんを母に持つセツ子さんは、骨身を惜しんで手伝っていただきました。

その後、一年おいて、再びブラジル大会を開催し、そのときには長谷川一夫さん、淡島千景さん、もちろん京マチ子さん、森繁久彌さん、伴淳三郎さん、坂東三津五郎さんが参加し、賑やかに開催されました。二回目も大好評でした。ただ、リマの文化会館で小さなショウをやりましたが、リマ空港に着いたとき、少年たちにいっせいに取り囲まれて怖い思いをしたことがありました。

それから、海外大会は、長谷川一夫さんを招いて、アメリカ西海岸サンフランシスコとロサンゼルスで開きました。やはり現地の邦人協会主催で開かれました。

心温めた黒のセーター

海外大会は、毎年八月に開催しました。なぜ八月に行ったのかといいますと、夏休みの時期だからでした。タレントさんが一年中で比較的スケジュールがとりやすいのです。

私は海外大会ではよく風邪をひきました。特にブラジルは、湿度はあまり高くありませんけれど、ちょうど日本の裏側ということもあって、季節が逆になるのです。夏に行くと、当地は冬なのです。日本は暑いのですが、向こうはちょうど冬の気候でした。一回目のときは風邪をひかなかったのですが、二回目はひどい風邪をひき、咳が出て大変でした。

第二回目のブラジル大会、サンパウロには、長谷川一夫さんも参加されました。長谷川さんはとても稽古熱心な方で、深夜まで稽古をされて、もう大変でした。会場の雰囲気や照明の移動を見て、衣装や音響の感じなど、いろんなものをお決めになりました。舞台に賭ける情熱というのでしょう。大変な準備を短い時間で行っておられました。

私は、山本紫朗さんのアシスタントということで、「あっち行け、こっち行け」と言われて、駆けずり回っていました。当時は私も丈夫だったものですから、休む暇もなく、あっちこっち飛び回ってやってました。そのおかげで、山本さんの舞台の進行をほとんど知っています。どういう方法で舞台をやるか、演出するか、構成するか。私は山本さんについて三〇年間、何百回もショウを手伝ってきましたので、おかげさまで、だいたいのことができるまでになりました。

山本紫朗さん（中央）

話はそれましたが、私は長谷川一夫さんの深夜に及ぶ稽古を見守っていました。「ゴホンゴホン、寒い寒い」と言っている私のそんな姿を見て、現地の若い女性、たぶん、二〇歳前後のかわいい人が、「野田さん、大丈夫？　顔、青いわよ」と声を掛けてくれたり、お水を持って来てくれたり、いろいろと親切にしてもらったのを覚えています。

そして彼女が途中で急に自分のセーターを脱いだんです。

「これ、着るといい。これ、着るといいわ、これ着てよ」

今でも思い出として残っていますが、彼女は自分の黒いセーターを、いきなり私に着せるんです。みんなの視線が私に集まって、とっても恥ずかしかったんですが、でも、寒かった私にとってはそんなことよりも、とってもあったかく感じられました。あれは手編みじゃなかったでしょうか。その手編みの黒いセーターをすっぽりと着て、裏方を務めることができました。そのお陰で咳も治まり、風邪も治りました。

その後はいつものとおりハワイに行くのですが、ハワイに着いたころはすっかり治っておりました。

親切な彼女の言葉や黒いセーターのことは忘れられません。

「これさ、今度プレゼントするから」

「いいわよ」

とても心温まったセーターが手放せずに、遠回しに所望して、いただいたものです。

日本に帰って、セーターをくれた彼女から手紙が来ました。

「野田さんたちが植えた愛の苗を、来年も育つようにと、今一生懸命水をやって育てております。また来年きっと来てくださいね。あゆみの箱の大会をやりましょうね」

そんなことが二、三枚の便箋に書いてあったのを記憶しております。そして今でも彼女のかわいい顔とセーターのぬくもりが、私の胸にたしかに残っています。いい思い出でした。

アチャコさん

アチャコさんと、私の大失敗

あゆみの箱は、全国の地方大会や海外大会など、さまざまな場所でチャリティショウを開催してきました。でもなんといっても、東京大会が基本でした。

東京大会は年一回、三月か四月に開催しました。第一回は厚生年金会館、二回目は日本武道館、三回目も武道館、四回目は東京体育館。東京体育館では三回開きました。東京体育館の次は宝塚劇場、帝国劇場と会場もいろいろでした。まさにこのころがあゆみの箱の黄金時代でした。

私は第三回目の武道館から参加したのですけど、もう最初のころは何が何やらさっぱりわけがわからず、ただうろうろしてるばかりでした。山本紫朗さんや、みなさんの教えでどうにか役に立つようになったのは、二、三年経ってからでした。

たしかあれは第五回目の千駄ヶ谷の東京体育館での出来事だったと思います。これは大変な失敗談です。

このときはちょうど、ひばりさん、江利チエミさんなど、相当豪華なメンバーが出る大会でした。そのチャリティショウのプログラムに、コントというかお笑いを含めたものをやろうということになりました。伴さんや山本紫朗さんの企画構成で、花菱アチャコさんが紹介されました。

アチャコさんは、やはり伴さんの友人だけあって、大変あゆみの箱に協力的でした。伴さんは、「アチャヤンにも出てもらおう」と提案しました。その月、アチャコさんはコマ劇場に出演しているから、コマの間を縫って出て踊ってもらおう。小町娘の格好をし、顔にお白粉《しろい》塗ってほっぺたでも赤く塗ってやれば、きっとウケることまちがいないよ、と。ということで、そんな構成ができあがりました。

アチャコさんも、「いいよ、芝居の間を縫って行きましょう。ですから必ず迎えに来てくださいよ」ということになって、打ち合わせも終わりました。

一度打ち合わせのためにアチャコさんが東京へ来たときは、私は東京駅まで出迎えました。そのころ、あゆみの箱の事務局は平和相互銀行新橋支店の四階でした。東京駅で待ち合わせて丸の内からタクシーに乗りました。「銀座の日航ホテルまでお願いします」とお願いしたのに、タクシーは日活の前に止まってしまいました。当時まだ日活ホテルというのがありました。

「えっ、これ、日活じゃないですか？」

「ええ、たしか日活ホテルの前っておっしゃいましたよ」

「いや、ぼくは日航ホテルって言いましたよ」

と押し問答になりました。それを横で聞いてたアチャコさんが、

「いいや、なにゆうてまんねん。この人は最初から銀座の日航ホテルって言われましたよ。あんた、運ちゃん、しっかり聞いとかなあきまへんでー」と、アチャコさん特有の関西弁で言われ、運転手もやっと納得しました。その後事務所で打ち合わせをしました。

あゆみの箱の東京大会には、そのころは常陸宮ご夫妻は恒例のごとくいらっしゃいました。たしかこのときは、美濃部東京都知事もいらっしゃいました。それから佐藤総理夫人・佐藤

寛子さんもお見えになった記憶があります。約六〇〇〇人を集めて、華々しく開かれていました。

私はいつもどおり雑用係で、あっち行ったりこっち行ったり、怒られたり、つつかれたり、もう大変でした。

三時がアチャコさんの出番だから、二時ごろにはコマ劇場へ迎えに行かなければなりません。コマへ行くのなら車がいります。当時、チャリティショウのテレビ放送を担当したのは東京テレビプロダクションというところでした。そこはフジテレビの代理店でした。そこには金野吾朗さんという、わたしがあゆみの箱に入った当時からいろいろとお世話してもらった方がいました。金野社長とは、今でも親交は続いております。金野さんの会社の車をチャーターして迎えに行くという手筈になっていました。

朝の打ち合わせのときはわかっていたのですが、いろんな仕事をやっているうちに、とうとうその時間に行くのを忘れてしまいました。ショウも終わりに近づいたころになって、やっと私はアチャコさんを迎えに行くことに気がついたのです。

早速、車に乗ろうと思いましたが、チャーターしたプロダクションの車では間に合わなくなったので、私は飛び出すように千駄ヶ谷の表通りに出てタクシーを拾い、コマ劇場にすっとんで行きました。一〇分くらいで着きました。コマの入口からアチャコさんの楽屋へは五分もかかりませんでした。

あわてふためいて楽屋に入ったら、アチャコさんはきれいに女形の格好をして、黙って座っておられました。

「すいません、アチャコ先生、間に合いませんでした」

「あんたが来るとおもうて、さっきからずーっと待ってやったんね。どないするのや」

「でも、とにかくショウはまだ続いてますから、たとえそのショウに間に合わなくても、最後のフィナーレに間に合うかもわかりませんから、どうかぼくと一緒に来てください」

私は泣き叫んで、アチャコさんに頼みました。

「いやー、うちも夜の部の出番があるから、こんなんして、出て、かなわんでー」

「そりゃそうですけど、とにかく、お願いしますよ。アチャコ先生」

「そうか、じゃ、行くか」

と言って、私の必死の気持ちに打たれたのか、アチャコさんは車に乗ってくれました。

もう気もそぞろ、ショウが終わらないでくれ、とにかく最後のフィナーレまでに間に合ってほしい、そんな思いでした。そして、奇跡的に最後のフィナーレの、「さよなら」と言うところで、アチャコさんは間に合いました。

でも結局は、アチャコさんの出番はなかったわけです。私は暗い気持ちで、そのショウを終えました。今でも苦い思い出として胸に残っています。もう三〇年以上前の話です。

それからもアチャコさんには地方の大会にも来ていただいて、ご協力いただきました。その後アチャコさんは、東京の小田急沿線の柿生の自宅で亡くなりました。亡くなった次の日、私はアチャコさんの葬儀に出席しました。柿生は立派な家でした。小高い丘の上まで階段をずっと上がっていくと家があるのですが、アチャコさんはそこでお亡くなりになったのです。

今でも、ときどきアチャコさんのことを思い出します。葬儀のときの引き出物に白いハンカチがありました。そのハンカチには、アチャコさんが自ら描いた似顔絵に、「みなさんさいなら」と書いてあるのがとても印象的でした。私にとって忘れられない芸能人の一人です。

坂本九さん

九ちゃん、ごめんね

坂本九ちゃんとは、最初、武道館で会いました。九ちゃんと言えば、あゆみの箱のフィナーレで「ともだち」という歌を必ず歌いました。いずみたくさんの作曲、永六輔さん作詞の歌です。

「♪君の目の前の、小さな草も、生きている、笑ってる、ホラ笑ってる」

という歌です。

この歌は、あゆみの箱のショウのイメージに合った曲でした。これが会場に流れると、「ああ、あゆみの箱のショウも終わったんだな」と私たち関係者は思います。これを九ちゃんが最後にいつも歌って、障害者の方とお別れして、そして一般の方ともさよならします。

ですから、この歌が聞こえると、「ああ、あゆみの箱だ」と、みんなが思うのです。まさにあゆみの箱のテーマミュージックといっても過言ではないでしょう。

九ちゃんは、東京大会を中心に、名古屋大会などの地方大会にもほとんど出演しました。東京大会は大勢の方が参加しますので、話す時間もなく、終わればすぐにお帰りになります。そういう調子でしたから、九ちゃんとあまり話らしい話もできませんでした。

名古屋大会は、名古屋城の中にある愛知県体育館で開きました。大相撲の名古屋場所をやるところです。東京とは違って、楽屋も意外とのんびりしていました。

一泊される方も多いので、私はだいたい先乗りで行きました。東海テレビが主催だったので、東海テレビの制作の方たちと打ち合わせをし、翌朝、音合わせをして、本番に入るというスケジュールでした。

出演する芸能人たちは新幹線で、だいたいお昼前後に入ってきました。それを迎えて体育館へ行きます。楽屋割をして、そのあと音合わせをする。リハーサル、それで本番と。そんな順序でした。

そのときの演出家は山本紫朗《しろう》さん。「なにしろう、ああしろう、こうしろう」の山本紫朗さんです。第一線バリバリの大演出家です。私はそのアシスタントをすると同時に、事務局の人間として、あっちに行ったりこっちに行ったり、忙しく動きました。
ショウの終わり、九ちゃんの最後の歌はやっぱり感動的なものです。障害者の方々は、「九ちゃん、九ちゃん、がんばってー！」と叫んでいます。障害者は、本当に九ちゃんのことが好きなのです。ものすごくたくさんのファンが九ちゃんの周りに集まってきます。また、九ちゃんのほうも心を開いているのか、お互いのことがよくわかるようです。心と心が一体となった姿が非常にいい光景でした。例

えば、豊橋に住む伊藤晴通君などは、第二回の武道館から九ちゃんに会いに来ているのです。この日も車椅子に乗って一番に来ていました。

名古屋は予算が大きかったせいか、なかなかのメンバーが来ました。入場者数はだいたい六〇〇〇人。愛知県体育館は満席で、もちろん盛況でした。

われわれは、名古屋グランドホテルに泊まったり、観光ホテルに泊まったり、いろいろでした。あるとき、国際ホテルに泊まりました。そのときは、司会者の志摩さんも早乗りしました。それで、食事をしてから、最上階に喫茶室がありましたので、そこで「じゃあ、コーヒーでも飲みますか」ということで行きました。そしたらそこには九ちゃんがマネージャーと二人でいました。

「ああ、九ちゃん、どうもお疲れさまです」

九ちゃんは私と年が近いせいか、いろんな話をしてくれました。

「野田さんねえ、あゆみの箱は社団法人をつくる前に、芸能人一人一人に対して『こういうことをやるから、一つ協力してください』ということをやったんだけれど、ほとんど納得しないまま参加している人が多いんだ。だから、ちょっとでも自分の意に沿わないことがあると、もう次回からは来ない。そんな人が非常に多かった。

私もマナセプロの専属で、いろんな仕事をしなければいけない。そんな事情で、私だって年に何回かしか協力できない。あとは自分の仕事をしなければならない。それだととても間に合わないから、ぼくのような人間がもっともっとたくさん出てくるためには、準備に動かなきゃいけない。

だから、ちょっと乱暴な言い方かもしれないけれども、あゆみの箱は一年間休んで、私と野田さんと二人で撮影所とかレコード会社とかいろんな芸能人と会って、あゆみの箱の会員になってもらおう。会員になってもらって、『出演して歌を歌ってください。これをやってください』とお願いしよう。そうやって回ろうじゃないか。ね、回ろうよ。そして、もっとたくさんの芸能人の会員をつくって、がっちりした団体にして、そのうえで、いろんな要請に従って、派遣したりすることにしようよ。一年あれば、ぼくはできると思うんだ。それが本当の基礎づくりじゃないだろうか」

九ちゃんは真剣に、ぼくを諭すように言いました。「ああ、これが本当の意見だな。そのとおりだ。そうするべきだ」。その場では私も賛同しました。その夜、私たちは深夜まで話し合いました。

しかし現実に事務局を休む、ストップするということは、とてもできません。レールの上に乗った電車は、すでに走っています。走っている電車を急に止めるわけにはいきません。走る前に、これをやるべきだった。しかし、残念ながら、それをやる前に発車してしまったこの電車は、走り続けなければいけない。

しかも、その乗客は限られた人ばかりです。結局は同じメンバーばっかりということになってしまいます。そうすると、結局、みんなから飽きられてしまって、「ああ、また同じ人だもの、いらないよ」と言われてしまう。そしてまた、芸能人の方たちに負担を多くかけてしまうのです。

結局はそういうことになってしまうのです。それを九ちゃんは心配していました。まず本当の意味の真の会員をつくるべきだ。芸能人全員に呼びかけよう。予備軍も宣伝して集めて、育てよう。彼は基礎のことを私に教えてくれたのです。私もそれに賛同しましたが、さっき申し上げたように、結局は九ちゃんの意見をただ聞いただけで、片手間にみなさんにお願いする以外には、事務局としては何もできませんでした。

あのとき九ちゃんの言うことを聞いて、勇気をもってみんなのことを説得し、伴さん、森繁さんを説得して、そして一年間休んで芸能人を回って、日本の芸能界の人たちがあゆみの箱の会員になって再出発していたら、それは素晴らしかったことでしょう。まさに日本の芸能人が中心の「社団法人あゆみの箱」だということが誇れたと、ぼくはそういうふうに思っています。

それができなかった。九ちゃんは今ごろ天国で、「何言ってんだ、今ごろ。だから言ったんだよなー」と思っているにちがいありません。

九ちゃん、ごめんね。本当にごめんなさい！　結局は、なんだかんだ言ったって、流れちゃうんだよねえ。まだほかのこともいっぱいあるけども、結局、月日はどんどん経ってしまう。

厚生省だって、一年間は待ってくれない。法人として出発したあゆみの箱は、収支決算を出さなきゃいけないし、それなりの業績も残さなきゃなりません。当然、募金の配分もしなければならない。社団法人として出発した以上、もう止めることはできません。かといって、これ以上職員を増やせば、人件費がかさんでたちまちアウトです。難しい。本当に難しい。つくったのはいいが、どういうふうにみなさんの要望に応え、そして真の意味で福祉に役立つことができるか、これをもっともっと真剣に考えてやらないとだめだ、そう思いました。

そしてもう一つ。九ちゃんは海外大会には反対でした。「大会はあくまでも日本でやるべきだ。日本には障害者がいっぱいいる。まず日本の障害者をきちんとやってから、海外をやるべきだ」。それが彼の持論でした。私もそれには賛成します。

しかし、私は事務局の人間です。理事会で決定されたことには従わなくてはいけません。なんて、そういう逃げ口上ばかり言っていますが、決してそうではないということを信じてもらいたいです。

九ちゃんは「海外大会へ行くと、『あゆみの箱の芸能人が海外へ行って遊んでるんじゃないか、何してるんだかわかんねえんだから、あゆみの箱は』と言って離れた人は、たくさんいたんだよ」ということもぼくに話してくれました。

残念です。決して、あゆみの箱の寄付金を使って海外へ行ったわけではないんです。向こうの現地の人たちの要請にしたがって、飛行機などの交通費を含めいろんな経費を全部を現地がもった上での大会でした。そうでなくてはこの話には乗れませんでした。それは当たり前のことなのです。でも、一般の人はそうは見てくれません。

それと、やっぱり行く以上は、現地の日系人にいちばん人気のある人、ショウの切符が売れる人を連れて行かないと意味がないのです。いくら日本の東京であゆみの箱に協力した貢献者の芸能人でも、その方がサンパウロへ行って、果たしてどれだけ切符が売れるか。まあ、無理だったでしょう。協力者であることと海外で売れるということとは、価値観が違います。

そこが難しいところです。

出演者の選抜は何を基準にしてきたか。あゆみの箱への貢献度で連れて行くということになれば、それはまた別の次元です。なにせ向こうの要請で、向こうのお金で、向こうでチャリティショウをやるということは、やっぱり向こうの要請に従って切符が売れる人を連れて行かなければできません。

といっても、みなさんはわかってくれないのかもしれません。「何だ、勝手に海外なんかに行きやがって」「自分たちのやりたいことやって、何だ」。そういう噂も飛びました。だからこういう運動というのは難しい。

例えば、私が新しい背広を新調したときに、真っ向から言われました。「あ、野田さん、それは募金で買ったの？」。芸能界は口が悪いから、平気でそんなことを言います。「あ、ネクタイ、募金で買ったの？」

何度か言われて、悔し涙を流したこともあります。きついシャレがいっぱいありましたから。芸能人というのは、一般の人と違って、そういうことを平気で言いますから。

最初はおどおどしたり、悔しかったり、いろんなことがありましたが、一〇年二〇年も経つと、平気になりました。その平気さが恐ろしいのです。今となっては、それも反省事項の一つなのでした。やっぱり恥ずかしいことは恥ずかしい。嫌なことは嫌なこと、人間はやっぱり素直さというのを忘れちゃいけないな、と今は思っています。

坂本九ちゃんは、地方大会以外にも、いろんな贈呈式にも出てくれました。

ある日、テレビを見ていたら、御巣鷹山に日航機が墜落という、びっくりするような速報が入りました。そしてその飛行機に坂本九さんらしい人が乗っているということがテレビに映し出されて、さらにびっくりしました。

すぐにマナセプロに電話したら、マネージャーが羽田へ確認に行っているということを聞きました。「ああこれはもう、ひょっとしたらダメかもしれないな」。そんな思いが横切ったのです。

九ちゃんは年齢的に言っても、ちょうど伴さんや森繁さんの後継者とみんなから言われていました。「次の世代は、九ちゃんがあゆみの箱を背負ってやるんだ」。そういう感じで、みんなも納得していました。

ところがその後継者である坂本九ちゃんが、死んでしまったのです。九ちゃんは私と一つ違いの昭和一六年生まれです。

亡くなった次の年、「坂本九追悼公演」を五反田のゆうぽうとでやりました。寺内タケシとブルージーンズ、森山加代子さん、田辺靖雄さん、九重佑三子さん、鈴木ヤスシさん、ジェリー藤尾さん、山下敬三郎さん、ダニー飯田とパラダイスキングス、九ちゃん馴染みの芸能人たちがいっぱい来てくれました。会場では九ちゃんの写真を飾って追悼しました。名古屋でも追悼公演をやりました。寂しいですね。九ちゃんの思い出は、まだいっぱいあります。

去年（二〇〇一年）、奥様の柏木由紀子さんと大島花子さんが、事務局にいらっしゃいました。黒柳徹子さんのご紹介で、「九さんの障害者に対する思いを私たち親子は継承したいから、会をつくりたい。その会をつくるためにはいろんなやり方がある。それをあゆみの箱の野田さんに聞いておつくりなさいということで黒柳さんの助言をいただきましたので、参りました」ということでした。

私はさっそく、そういった会の定款といいますか条項といいますか、そういう資料を見つけて、「こうこうこういうふうにやれば」とアドバイスすることができました。事業目的を作成し、収支決算書をつくり、そういった諸々の書類の雛形の資料を、次の日、ファックスで送りました。

柏木さんや大島花子さんは、大変喜んでおられました。その後、花子さんからは、何回かお手紙をいただきました。催し物もどんどんおやりになっていると聞いております。大島花子さん、良かったですよね。

北海道にも支部をつくられました。北海道には、九ちゃんの記念館があって、そこには遺品があるそうです。私も機会があれば、一度見に行きたいと思っていますが、なんせこの体ですから、行けるかどうか。私もこの病気さえ治れば、どこへでも行って一生懸命やるんですけれど、今の私ではちょっと無理かもしれません。

あれからもうずいぶん大島花子さんにはお会いしてないけれども、その後、会はどういうふうになったのでしょう。大島花子さんにはまた一度、会いたいですね。

二〇〇二年九月一九日の三越のあゆみの箱の四〇周年大会には、ぜひ、柏木さんと大島花子さんにも来ていただきたいと思っております。

松山善三さんの「福祉手帳」

三〇年ほど前に、松山善三さんが、こんなことを提案しました。

「福祉手帳をつくってはどうか。どこにどんな福祉に関係する施設や病院があって、それがどういう制度になっているかが書かれているようなもの。例えば、ある街角で急に体がおかしくなった。そのときにその手帳を見たら、どの病院でどういう手当てを受けられるのか、というようにわかるものをつくりなさい」


そんなことを理事会の席上で言われました。

「その手帳をつくるためなら、あなたはあゆみの箱の仕事をしなくてもいいから、たとえ三か月、六か月かかっても、それだけに専念しなさい」と私に言われて、理事会の二時間は終わりました。

日本の障害者団体には、知的障害者、肢体不自由者、自閉症、精神障害、聴覚・視覚障害、内部障害など数多くの団体があります。私は、内部障害と肢体不自由のダブルハンディですけれども、その団体間の横のつながりはまったくありませんでした。もし仮にあったとしても、厚生省の監督下にあるということだけです。なので、それほどのかかわりでもないのです。同じ「障害者」という名で呼ばれていても、私一人では、ばらばらの諸団体を一つにまとめて、一冊の福祉手帳をつくるというのは非常に難しい。

私はいろんな本を読み、いろんな角度から資料を集めて、それらしいものをつくろうと一年ほど努力しましたが、結局はあきらめてしまいました。ときどき松山さんから電話があって、「どうなってるの？　うまくいってるの？」なんて、催促されましたけれども、そのときの返事でうまく言い逃れをしながら、結局は、もうはるかかなたの話になってしまいました。

そういう話はたくさんあります。

松山善三さんや森繁さんや、伴さんもそうですけども、みなさんがいろんな提案をされて、私に託されますが、なんとかひきついでやるのですが、結局、一つもものにならずに終わってしまうことが多いです。

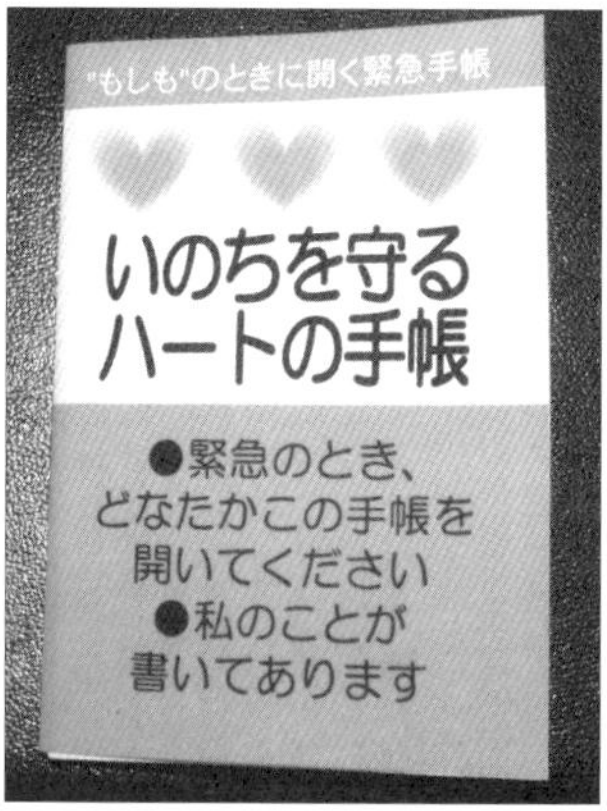

緊急手帳（試作品）

ただ、事務局の仕事はしました。海外でのチャリティショウ、北海道から九州までの津々浦々の地方でのショウなどのイベント関係。それはもう一生懸命、寝食を忘れるほどにやりました。でも、松山さんたちは、「それは一つの仕事であって、もっと残る仕事をしなければいけない。わかりますか？」とよく言われました。難しい課題でした。そういった課題に向かって一つのものを残していくというのは、今のこの事務局体制では、なかなかうまくいきません。

（松山さんが提案された手帳とは違うものですが、緊急手帳という形のものがＮＰＯ法人ハートリンクあゆみの編集制作で、二〇〇二年に試作品ができました）

これは福祉とはちょっと関係はありませんが、芸能的なことで実現したことがあります。伴淳三郎さんは浅草出身です。「浅草にもう一度景気の火を灯したい。賑やかさを取り戻したい」という思いが伴さんにはありました。浅草は、現在はだいぶ元に戻りましたけれども、当時は夕方になると真っ暗でした。浅草寺もお客さんが帰ってしまえば、もうだれもいません。浅草を賑やかにするには、いろんな壁がありました。浅草にはＪＲの駅はありません。地下鉄だけです。昔ＪＲが浅草に駅をつくるのを、住民の方々が断ったらしいのです。

そういういきさつは別にして、とにかく浅草で育った伴さんは、なんとか浅草にもう一度人を集めて賑やかにしたい。そんな思いから、当時の内山台東区長さんと話をして、区の芸能事業団というのをつくりました。

内山台東区長さんが会長で、副会長に伴さん、トップさん、それから区の有力者が理事になって芸能事業団は始まりました。そして、あゆみの箱もチャリティショウの利益が上がるということで参加し、浅草公会堂で第一回目の喜劇人まつりをやった記憶があります。懐かしい思い出です。

由利徹さん、玉川良一さん、関敬六さん、南利明さん、佐山俊二さん、海野かつおさん。歌手の柳沢真一さん。ありとあらゆる日本のコメディアンと言われる人を集めてやりました。

伴さんの十八番である「南の島に雪が降る」「伴淳の二等兵物語」もよくやりました。またこのショウを地方にも持っていきました。昭和の寸劇を集めたお芝居形式でした。それに歌謡ショウ、バラエティショウ、ＳＫＤの踊りをつけて持っていくのです。

そのうちに、伴さんはブラジルに行った経験から、ブラジルのサンバを浅草に持ってきたいと考えるようになりました。それで伴さんは奔走し、ブラジルのサンパウロの日系人を通じて話をまとめました。浅草サンバカーニバルです。これは、現在では年に一回、浅草の名物にまでなりました。

浅草公会堂の前には芸能人の手形があります。あまり知られてないと思いますが、あれも伴さんの発案なんです。伴さんの名前で、いろんな芸能人を集めました。山田五十鈴さんとか、歌舞伎の尾上菊五郎さんらを集めました。もちろん伴さん自身の手形もあります。森繁さんのもあります。三津五郎さんもあります。有名芸能人の手形がいっぱいあります。

もう一つ、伴さんは浅草の浅草寺の中に、喜劇人の碑をつくりたいというのが夢でした。「おい野田、あゆみの箱とは関係ねえけども、おれは喜劇人の碑をつくりたいんだよなあ」亡くなったエノケンさん、ロッパさん、シミキンさん、キドシンさん、その名前を永遠に喜劇の発祥の地・浅草に残したい。常日ごろから伴さんはいろんな仕事に行った先々で、また車中の中で、私に言いました。伴さんが亡くなってからも、それは私の頭の中に残っていました。

「何とかしたい！」そして伴さんの知り合いで、後援者の一人であった佐ヶ野一明さんにお願いしました。

東宝の演出家の山本紫朗さんにもお願いしました。山本さんは、あゆみの箱のすべてのイベントの演出をなさった方です。ブラジル、アメリカ、ハワイでのイベントも全部そうでした。山本さんと佐ヶ野一明さんを中心に、伴さんの追悼公演を新宿のコマ劇場でやりました。日本喜劇人協会（当時の会長は曽我廼家明蝶さん）が主催でした。豪華メンバーでした。大塚文雄さんなど、いろんな方が集まりました。そのお金を元にして、それを積み立てました。そして浅草の浅草寺に秩父から石を運びまして、立派な石碑を建てました。

その喜劇人の碑文を船舶振興会の笹川良一会長に頼んで書いていただきました。その横には森繁さんにことばを書いてもらいました。「喜劇に始まり、喜劇に終わる」というような文でした。その左肩に協力された芸能人の名前を刻みました。大変大きく、二メートル以上あると思います。碑の裏側には亡くなった人を順番に刻んでいます。

つくった碑は、日本喜劇人協会が守っています。現在はあゆみの箱の範疇ではありません。そしてとうとう完成しました。除幕式には、笹川日本船舶振興会会長をはじめ、由利徹さんなどの喜劇人の方々や関係者など、いろいろな方々がいらっしゃいました。また、そのお

喜劇人の碑

祝いの会を浅草公会堂で開きました。そのときは、坂本九ちゃんも来ました。私がちょうど四〇歳のときでした。

伴さんとの約束を果たしたという充実感は今でもあります。結局、伴さんとの約束を果たしたのはこれだけですね。あゆみの箱の仕事からはちょっとはずれましたが、そんなこともやりました。

信用をなくした由々しき問題

「あゆみの箱」の運動が始まった背景については、第1部に記しました。巨匠と言われた映画監督の川島雄三さんご自身が、小児麻痺の後遺症で悩んでおられました。夜、仕事が終わったあと、伴さんに言われたそうです。

「アメリカのハリウッドじゃねえ、チャリティというのは、もう当たり前のようになっているよ。でも、日本じゃ誰もやってないじゃないか。せめて伴さんや森繁さんは、今、芸能界の中心にいるんだから、やんなきゃだめだよ」

おでんを食べ、お酒をちびちび飲みながら、川島さんはよく言ったそうです。それを聞いた伴さん、そして相談された森繁さんは、「では、やるか」というような話になったそうです。

やがて東映の「飢餓海峡」の撮影が始まり、その矢先に川島雄三さんが亡くなってしまいました。川島さんの出身地は青森で、「飢餓海峡」のロケ現場と同じでした。それで、青森の川島さんの実家へ行き、伴さんは墓前に跪き、「監督、やります。障害者のためにがんばります」と、誓ったのでした。

以来、伴さんと森繁さんは一貫して、小児麻痺のワクチンが足りないことを社会に訴え、厚生省にも陳情に行きました。

そういうことを当時したことによって、国の政策にも影響を与えたのです。だから、障害者に対する福祉活動は、あゆみの箱が始まりだとも言えるのです。このことは、福祉の関係の人に聞いてもらえばよくわかると思います。

チャリティショウとは別に、いろんなことがありました。ある日、ボーリング場から募金のお金を受け取りに来てくれというので、同僚の中村光邦さんと二人で行きました。トイレに行ったら、トイレの向こうから信じられない言葉が聞こえてきたのです。

「なんだよ、あゆみの箱は小僧みたいな、あんな障害者に、贈呈のお金を取りにこさせるなんて。人をバカにしてるねえ」

そんな声が壁の向こうから聞こえてきたときには、まったく残念でした。腹が立ちました。

「ああ、そう。やっぱりこれをもらうには、それ相当の人間が来なきゃいけないんだ」

たしかにそうでしょう。でも、ぼくもあゆみの箱の人間なんだ。そして代表理事からの指示で来たのです。「障害者だからいけない」というのは、どういうことだろうと思いました。

あのころは、まだ障害者に対する偏見がかなり根強くありました。街を歩けば、冷ややかな目が自分に集中しているのを感じました。なかには、わざわざそばにきて、「あなた、家で寝ていたほうがいいんじゃないの、みっともなくて」とはっきりと言われたこともありました。子どもたちに石をぶつけられたこともありました。でも、それがいい経験となって、今の私があるのかもしれません。

この運動はお金を扱います。そして、それが大きな問題になることがあります。以前、とても困ったことがありました。

大物歌手のAさんが都内の劇場で公演を一か月やったとき、いろんな人から贈り物がありました。それをオークションに出して、その売上金をあゆみの箱に入れていただきました。

その箱に入れたお金を取りに来てくれと言われ、伺うことになりました。その日はちょうどあゆみの箱の大会を宝塚劇場でやっていました。あゆみの箱を代表して、何人かの理事が取りに行き、その舞台上でAさんから受け取りました。三箱ありました。そしてその場では開けないで、次の日、平和相互銀行へ持って行って、開けてもらって計算していただき、領収書をもらいました。そこまではよかったのです。

ところがその領収書と、Aさん方で出した金額とが合わなかったのです。すごい差がありました。七万円近く合わないのです。向こうの計算の方が多く、こちらが銀行に預けた方が少ない。これは大問題になりました。

あゆみの箱の事務局が着服してるんじゃないか、と言われました。着服するわけがない。楽屋で箱を壊して着服する暇もないし、だいいちそんなことをやるわけがありません。ところが、いくら説明してもだめでした。赤坂にあるAプロダクションのマネージャーに、いくら説明しても、ぜんぜんわかってもらえません。

伴さんから電話がかかってきました。

「おれはだいぶ言われちゃってるよ。おれをこんな目にあわせないでくれよ。野田、行ってちゃんと説明してこいよ」

それで、再度説明に行きましたが、ぜんぜん取りあってくれませんでした。結局は、それがしこりとなって、あゆみの箱はいい加減だということになってしまいました。

どうして金額が合わなかったか、それはいまだにわかりません。向こうでのオークションのときに数えた金額を箱に入れた。それを劇場の金庫に入れて保管し、その箱を持って銀行で数えてもらいました。その間、誰も箱の中には手をつけていません。けれど計算したら、金額は確実に少ない。じゃあ、銀行の人が着服したか。それは絶対ないと私は信じています。じゃあ、誰が悪いんだ。それはわかりません。私自身が箱を壊してお金を盗ったということはもちろんないし、そんなことをやるわけがありません。

あのときは本当に困りました。伴さんには言われるし、みんなにもワイワイ騒がれました。「どうしたの、どうしたの?」って言われたって、ほかに説明のしようがないのです。

この誤解がもとで、Aさんはもう二度と、あゆみの箱に協力することはありませんでした。坂本九ちゃんが、NHKで偶然Aさんに会ったそうです。

「おいおい九ちゃん、ちょっと話があるんだよ」

「何だよ」

「あゆみの箱はいい加減だよ、あんないい加減なところはないよ」

「どうしたの?」

「実はこうこうこういうわけで、こうなんだ」

「うーん、それは何かの間違いだよ、あゆみの箱はそんなことしないよ」

「いやあ、九ちゃんはそう言うけれども、あゆみの箱なんてどうしようもないよ」

「あ、そう。じゃあ、今晩でも、あゆみの箱の事務局の野田君に電話をして、詳細を聞いてみるよ」

それで事務所へ電話がかかってきて、夜、東京目黒の坂本邸へ電話をくださいとのことでした。私は一〇時ごろ、坂本九さんの自宅へ電話をしました。

「ああ、どうも坂本さん、お疲れさまです」

「おお、どうもどうも。今日、Aから聞いたよ。どういうことがあったの？」

ぼくは説明しました。すると、坂本さんは、「それで、野田君は、絶対に自分のやってることが正しいんだね。おれにはっきり言え」と、厳しい声で私に言いました。

「はい。ぼくは天地神明に誓って、不正なことはありません。銀行だってそんなことをやるところじゃないでしょう。ぼくは、平和相互銀行も信じます。もちろんそれを受け取りに行った理事の方がやられるはずもありませんし、絶対にそれはあり得ません」

私は力んで、そのように説明しました。

「わかった。じゃあ、ぼくはAよりも君を信じるよ。まあ、これからいろいろ言われるかもわからん。でもおれは君のことを信じてるから、心配するな」

彼はそう毅然と言って、電話を切りました。嬉しかった。ほんとに嬉しかった。九ちゃんだけがぼくを信じてくれました。涙が出るほど、九ちゃんに対して感謝しました。


そんなことが、長いあゆみの箱の四〇年間のうちにありました。そういう問題で、芸能人の方が去っていったこともありました。

海外大会をやるようになってからも、多くの芸能人が去っていきました。なぜ去っていったか。それは、日ごろ地方で一生懸命あゆみの箱の活動をやっているのに、ブラジルやアメリカの大会は、ぜんぜん違うタレントを連れて行ったことも原因の一つにありました。

これには事情がありました。ブラジルにしてもアメリカにしても、あゆみの箱が経費を出して大会を開いたのではありませんでした。現地側が、渡航費などを全部出して、鶴田浩二さんや長谷川一夫さん、勝新太郎さんとか、そういう方の出演を条件に頼んできたのです。その人たちの出る映画が現地で興行されていたから人気があったのでしょう。

もちろん、あゆみの箱に予算があれば、日本で地道な活動をされている人たちも御一緒して、楽しい会ができたかもしれません。でも、そういうことを目的としている団体ではないのです。それもわかってもらえません。

たくさんの芸能人の方が参加する団体になったのはいいけれど、これから、これを運営してくことは至難の技です。特に森繁さんは高齢だし、他の方々も高齢だし、まとめることは難しいのです。

司会者役の志摩夕起夫さんが亡くなったときには、「いや、まいった」と思いました。志摩さんはかなり事務局の力になってくれていました。

これからますます、私自身の生き方も難しいし、あゆみの箱も難しい。これからイベントも極端に少なくなるだろうし、募金箱だけの活動ということにもなるかもしれません。箱の数も今、どんどん減っています。親の代には協力してくれていても、その子どもは協力してくれるとは限りません。「うちの父は今まで箱をやっていました。もう父も年をとりまして、やれなくなりましたので、箱をお返しいたします」と、息子さんから電話があります。そういうことがいっぱいあります。

麺業組合の絶大なる協力

あゆみの箱と麺業組合の出会いについてお話します。

毎年毎年、あゆみの箱の募金が集まってきます。そのうちの三分の二は、麺業組合の力によるものでした。三〇年前、今は亡き伴淳三郎さんが、この麺業組合に運動の火をつけた結果、燎原の火のごとく広がったものです。

伴さんは、仕事の合間の週末に、熱海の温泉に行くのが唯一の楽しみでした。熱海に静観荘という宿があり、伴さんの知り合いがやっていて、そこを常宿にしていました。車で行くのですが、そのとき必ず、小田原辺りで一服して、そして熱海に入ります。

あるとき、高速を降りた下大井というところに、「元祖名物そば」というおそば屋さんがありました。以前からおそばが大好きだった伴さんは、その名物そばへ入りました。そこには、若き勝俣武《かつまたたけし》さんがいました。私よりちょっと下の、当時三〇歳ぐらいでした。現在、勝俣さんは、神奈川県麺業組合の副理事長として活躍されています。当時は普通の組合員で、青年部でがんばっていました。

伴さんは、好きな天ぷらそばを注文して待っていました。伴さんを目ざとく見つけた店主の勝俣さんは、

「伴淳三郎先生ですよね。サインお願いします」

コロムビアトップさんと勝俣武さん（右）

と言って近寄りました。それで伴さんは付き人の方に、

「私は墨で書きますから、後でお送りしますよ。おうい、住所を聞いて書いておけ」

ということで、後で送ったんですが、そのときに伴さんは、早速、あゆみの箱の運動のことを話し始めました。

「ここにも箱を置いてください。障害者のための募金運動です。よろしくお願いします」

伴さんは、何度も何度も同じことを言っていました。そんな伴さんの姿に感動した勝俣さんは、一つの箱を店に置

きました。これが麺業組合の第一号の箱でした。やがて勝俣さんと親交を深めた伴さんは、会うといつもあゆみの箱の話ばかりでした。

「今度は九州でチャリティショウをやるよ。今度はどこどこでやります。東京へはぜひ見に来てください、勝俣さん」

そんな感じでした。そこで勝俣さんは、当時、麺業組合の中込青年会長に相談しました。その方は、現在は神奈川県の組合の理事長さんだそうです。その方に協力を要請し、神奈川県麺業青年会において、箱設置が実現しました。

藤井広幸氏のお店にあるあゆみの箱

そしてその後、青年会会長の鶴岡進さんもこれを引き継ぎ、さらに協力し、設置運動を展開しました。昭和四九年ごろでした。鶴岡会長と勝俣氏は、この運動を広げようと二人で相談して、全国麺業青年連合会会長鵜飼良平氏（現在は、社団法人日本麺類業団体連合会会長をはじめ、そば関連の組合の理事長を務めておられます）に提案し、同時に鵜飼会長を伴淳三郎代表に紹介しました。

これを受け、箱の設置を快諾した鵜飼会長は、すぐ東京青年会においても箱設置運動を展開しました。これと併行して、埼玉・千葉など関東近辺に箱が配置されました。これもすべて勝俣氏の協力のお陰です。また、今は亡き野川会長にも協力を要請しました。そのご協力のつながりで、あゆみの箱の募金箱をあちこちへ持って行き、みなさんにお見せして、熱心に説いてもらったのです。

一方勝俣氏は、鵜飼会長の強力なバックアップのもと、全国の麺業青年会に箱設置運動を要請し、この運動を推進していきました。こうした動きの中で、組合を一つにまとめるような話が持ちあがりました。

昭和五四年四月に、伴さんは、新宿コマ劇場で水戸黄門のお芝居をやることになりました。そこで伴さんは、各県の青年会に要請して、各会が日替わりでおそば屋さん役として舞台に出演することを提案しました。鵜飼会長はこれを会議に提案し、また同時に勝俣氏を通じて各県の青年会にもその参加を呼びかけたのです。東京を中心に各青年会は、慎重に審議しました。そして、検討した結果、これに参加することになりました。

この公演には、東京・神奈川・埼玉をはじめ、各青年会の大勢の会員が出演しました。また、入場券販売においても大いに貢献し、成功のうちに終了しました。

これによってあゆみの箱運動に大きな相乗効果が生まれ、連帯意識を強めました。この年、全麺青連は、勝俣氏を箱担当推進委員長に選任しました。現在は、千葉県青年会前会長藤井広幸氏がこれにあたられ、勝俣氏同様の活躍をしておられます。

国際障害者年の昭和五六年一〇月、あゆみの箱運動の創始者、伴さんが亡くなったとき、その葬儀には日本中から全国の麺業組合の会長、そして、それに関係する方々がいっぱい参列されました。青山斎場での葬儀を終えた後、みなさんを集めてトップさんがお礼を述べたのを私は覚えています。そして、伴代表が亡くなっても、各県の麺業青年会では、何ら変わることなく、今も箱を設置され、続けてくださっています。本当にありがたいことです。

今、協力してくださっている全国麺業青年連合会は、東京・茨城・新潟・栃木・福島・千葉・埼玉・神奈川・静岡・北海道・大阪・愛知・三重・群馬・富山・福井・石川・京都の青年会です。

毎年、各青年会では開箱式が行われていますが、それにはトップ代表をはじめ、天知総子、久保明、田辺一鶴、はたのぼる、コロムビアライト、関敬六、東京太、斎藤京子、徳雄ら理事・会員のみなさんが代表して、お礼を述べています。

ある募金者のこと

今、あゆみの箱の募金箱は、全国に二万個以上配布され、みなさま方のご協力をお願いしております。本当にありがたいことです。主に配布されている場所は、おそば屋さんの組合です。次に、コンビニエンスストア（ジャストスポット等）、喫茶店、レストラン、ホテル、そして飲食店の大庄グループ、まあいろんなところに置いてあります。

この一つ一つの箱が大きな力となって、今の体制を支えているのです。この箱が全国各地に置いてあるからこそ、あゆみの箱がこんなに長く四〇年も続いたといってもいいでしょう。

これは昔の話です。富士市にある静岡麺業組合員のおそば屋さんに、箱を預かってもらって置いてありました。そこへ、何といいますか、失礼ながらそんなに生活が豊かとは思えない、そんな人が月に一回来られて、おそばを食べて、そしてあゆみの箱にいくらかお入れになっていました。中年も半ばを過ぎた五〇いくつの女性の方です。一見奥さん風です。祈るような風情で、箱にお金を入れて帰って行くそうです。

ある日、店のご主人は聞いてみたそうです。

「いつもありがとうございます。おたく様は、どちらの方から？」

「はい、静岡の東から」

「富士市には、何かの用ですか？」

「はい。S刑務所に私の主人が入っており、おつとめをしております」

「ああ、そうですか」

主人は悪いことを聞いてしまったと思い、反省したそうです。でもその中年の奥さんは、そんなふうでもなく、淡々と話し続けました。

「でも、今は主人もすっかり後悔して、一生懸命償いをして、一日も早く出所して社会に恩返しをしたい、罪滅ぼしをしたいと、そういう思いで主人はいます。面会に行って会うときに、その気持ちが十分に伝わってくるんです。

ですから私も、このあゆみの箱を見るたびに、主人の反省を込めた気持ちと、私の気持ちを込めて、一日も早く出られるようにと、このあゆみの箱に祈るようにお金を入れています。

罪滅ぼしというほどのものではありませんけれども、これが少しでも障害を持つ人々のために役に立つようにと、そう思って入れているのです」

そして、おもむろに財布から、なにがしかのお金を出して、再び箱に入れて、静かに去って行ったそうです。

そば屋の主人はそれを聞いて、なにやら込み上げるものがあったそうです。私はその話を聞いて、年二、三回発行している広報程度の会報に、それを載せました。こういうことがあるんだよという、ただそのことをみなさんに知ってもらいたい、それだけの願いで書きました。

あれからもう、三〇年近く経ちます。そのS務所にいらっしゃったご主人さんも、もうとっくに社会復帰なさって、おそらく奥さんといっしょに仲良く、社会の中で懸命に更生への道を歩んでおられると、私は確信しています。

地方グループの活動

地方における「あゆみの箱」運動が盛んな時期がありました。

今でも、活動しているのが、北海道ＨＢＣ社会福祉財団。この事業団を通じて「箱」が道内に置かれています。

愛知県岡崎市・タニザワフーズ㈱では、フランチャイズ店のロッテリア、マクドナルド、ケンタッキーフライドチキンなどの店を経営されておられますが、その店先に募金箱が置かれて

伊豆毎日新聞　平成14年（2002）8月6日（火曜日）

あゆみの箱湯河原が
町に福祉車輌を寄贈

（社）あゆみの箱湯河原はきょう午後二時十分頃、湯河原町役場駐車場において福祉車輌の寄贈を行った。

同日は、斉田代表はじめ歌手の小野由紀子さん他メンバーら八名程が役場を訪れ、米岡幸男町長に目録を手渡した。

寄贈車輌の仕様は、ニッサンキャラバン、チェアキャブ、十人乗りで八名プラス車椅子地用二名または八名プラスストレッチャー仕様名の定員。

米岡町長に目録を手渡す小野由紀子さん

います。

大庄グループ（飲食店）は関東一円のお店に、ライトオン（衣料品店）では全国各地にあるお店に、それぞれ「箱」を置いてくださっています。

また、伊東青年会議所、大宮ロータリークラブ、桜本商店街振興組合、理髪組合も団体を通じて、その地域にも「箱」を配布していただいています。かつては、大垣婦人グループ、岐阜婦人グループもありました。

少し違って、演歌歌手の小野由紀子さんは、神奈川県湯河原にお住まいのこともあってか、一〇年以上前から募金箱を大量に預かっていただき、地元のみなさまに呼びかけ「あゆみの箱グループ」を結成されてがんばっておられます。

中部大会

テレビ局では、福岡市・RKB毎日事業部が窓口となり、「箱」を管理されていました。

いちばん古いのが、名古屋市の中部グループです。あゆみの箱の運動が始まったころの昭和四一年、名古屋駅前にある名鉄ホールで、伴淳三郎さんの公演が一か月ありました。その間、伴さんは出演者といっしょに毎日のように名古屋の駅頭に立ち、募金箱を手に道ゆく人々に呼びかけました。

そんな伴さんの姿に感動した地元の有力者がこれに加わり、伴さん（晩餐）会というものを結成しました。後年、これが「あゆみの箱」中部グループの誕生に結びついたのです。地元の大手企業がいくつか参加し、また、テレビ局は東海テレビが参加してくれました。

名古屋駅地下街商店街の一角に事務局ができあが

り、担当者一人と机が置かれました。名実ともにグループ組織ができあがったのです。私どもは、ありがたいのを超えて、驚きさえ感じたのでした。

このグループが中部圏内に「箱」を配布され、それを年一回回収し、地元の銀行が窓口に「箱」を設置するとともに、回収の窓口ともなりました。

名古屋でのチャリティショウは年一回、秋に開催されました。こちらもいつもなかなかのメンバーでした。この中部グループの活動は、各地方のお手本ともなりました。中部グループのチャリティショウは二五回まで続いたのです。

しかし一昨年、代表幹事長が亡くなったのを機に、中部グループそのものがなくなってしまいました。でも、私は諦めてはいません。その地域ではまだ「箱」をやっておられる方がいます。決して多くはありませんが、捲土重来を期して、もう一度会ってお願いしたいと思っています。幸いにして、全て顔見知りばかりですから。

伴さんの死

あゆみの箱に携わってから、早いもので三七年経ちました。その間、数々の芸能人の方々に出会いました。

最初の出会いは、伴淳三郎さんでした。そして、森繁久彌さんを知りました。伴さんは行動力の人でした。「何事もやってみるんだ」という精神でした。山形弁で、山形弁といっても伴さん流の言い方で、「やってみれ、とにかくやってみれ。やってその結果なんだよ」。常に、伴さんはそんなことを言っていました。

森繁さんは、「よく考え、そして行動しなさい」と言いました。「おまえは常に影でいいんだよ。黒子でいいんだよ。黒子に徹しろ」。

あるとき、森繁さんと一緒にヤクルト本社の松園オーナーに会いに行きました。大変立派な応接室でした。森繁さんは右の方に座り、私は左に座りました。そのとき、私は森繁さんに聞きました。

「先生、ぼくはどこに座ったらいいんですかね、この広い所で」

「いやあ、どこでもいいよ。どうせおまえの座る席は、全部末席だから」

と言われました。ぼくは、たとえ真ん中に座ろうとどこへ座ろうと、所詮末席なんだ。そんな思いで、「そうだ。そのうちにきっと、中央に座れるような人間になんなきゃ」なんて思ったこともありました。

森繁久彌さん

森繁さんはいろんなことをぼくに教えてくれました。教えてくれたと言うよりも、森繁さんの言ったこと、書いたこと、それを私が真似して、そして自分のものにしていったと言ったほうがいいのかもしれません。
私は、前にも書いたとおり、小学校は三年間だけ。あとはほとんど学校へ行っていません。無学文盲と言っていい。ただ、本が好きでした。その本も偏っていまして、歴史の本ばかり読んでいました。だから、日本の歴史ならだれにも負けないと思っていました。ただ、基礎的な勉強ができていないために、自分の文章をよく読んでみると、ちょっとおかしいところが常にあります。いわゆる文法がちゃんとなっていないのです。主語とか述語や、目的語の「てにをは」がぜんぜんできていないのです。それでずいぶん苦労しました。

そこで、何とか上手くなる方法はないだろうか、何とか詩的に書けないだろうかと悩みました。それで、森繁さんのお書きになった本を見ながら、森繁さんのような書き方を覚えたのです。やがて、それなりに書けるようにもなりました。そして何よりも、伴淳三郎さんの代筆までできるようになったのです。

全日空は、月刊の広報誌を出しています。その広報誌に、山形県天童の有名な将棋祭りの光景を、伴淳三郎さんに聞いて代わりに書いたこともありました。その他のいろんな雑誌にも書きました。それが私の文筆修行でした。

とにかく、あゆみの箱に入る以前は社会生活もゼロでしたから、基礎的な教育も受けてないし、自分の意見をまとめて発表する経験なんて、まるでありませんでした。ですから、会議に行ったって、自分がどういうふうに発言していいか、どういうふうに表現したらいいか、まるっきりわかりません。ただ、みなさんの話を聞いて、感心したり、「うーん、ちょっと違うなあ」とか、自分の中では自分なりのことを思うんですけど、それをうまく表現できません。結局は、内にこもってストレスがたまることばかりでした。いまだにそのなごりが残っています。ただ、人一倍「なにくそ」という負けん気はありました。ですから、その「なにくそ」が、現在の六〇歳までやってこれた私のパワーだったかもしれません。

伴さんにはずいぶんと、「おまえはばかだ、ばかだ」って罵られました。私の顔を見れば、「ばかだ、ばかだ」って。死ぬまでばかだって。もう何百回、何千回と言われました。

伴さんが倒れて、東京女子医大病院に担ぎ込まれたとき、私は、仕事で富士市に行っていました。たしか大津美子さんと一緒でした。私は富士市に一晩泊まって、朝、家へ帰ったら、伴プロの支配人の瓦井富行氏から電話が入りました。

「オヤジが大変だよ。もうあかんよ。すぐ来てくれよ」

私は車に飛び乗って、東京女子医大へ急ぎました。伴さんは、もう息を引き取っていました。ちょうど蘇生術をやっているところでした。けれども、伴さんは戻ってきませんでした。

先生の眠った姿を見て、「ああ、とうとう先生にお別れを言うこともできなかった。残念だ。でも、先生に会えてよかった。もし先生に会えなかったら、おれなんかこうして、中央なんかに出らんなかったし、偉そうな顔して、いろんな仕事もできなかった。よかった。先生、ありがとう」。

涙をうっすらと浮かべながら、何度も何度も伴さんの遺体に向かって頭を下げたものです。

瓦井氏は言いました。

「死ぬ間際、野田さんのことを言っていたよ。やっぱりばかやろうだって。あのばかやろう、何してんだって」

伴さんの葬儀にたくさんの花輪

それを聞いたとき、どっと溢れるものがありました。

奇しくも国際障害者年の年でした。

それから、通夜、葬儀と、いろんなことがありました。葬儀は青山斎場で行われました。伴さんは交友関係が広かったから、いろんな人が来ました。本当にたくさんの人が来ました。山形県知事から国会議員になった安孫子藤吉さん、そして当時の外務大臣園田直さん、それから厚生大臣も。宮家からもお花が来ました。

伴さんは芸能人の交友関係が広かったものですから、芸能人は特に多かったです。黒澤明監督、石坂浩二さん、研ナオコさん、三田明さん、近藤真彦さん、それから、タモリさんも来ました。

もちろん森繁久彌さん、私どもの関係者では、コロムビアトップさん、清川虹子さん、松山善三さん、淡島千景さん、池内淳子さん、松原智恵子さん、松山英太郎さん、萩本欽一さん、クレイジーキャッツのハナ肇さん、植木等さん、玉川良一さん、由利徹さん、喜劇の一家も勢ぞろいでした。大変な人たちばかりでした。

その中で面白かったのは、通夜のとき玉川良一さんがいきなり出てきて、言うんですね。

「おい、原一平」

寅さんの形態模写で有名な、原一平さんのことです。私どもの理事です。

「おい、一平さんよ。おまえ、伴さんのものまね上手いからよ、天国から伴さんの声で何かやれよ」

満座の前で言われました。とにかく錚々《そうそう》たるメンバーの中で言われました。

それで、彼は思いきって、

「じゃあ、僭越ながらやらさせていただきます。ちょっと二言ですよ」

天国の伴さんの声で、伴さんの声色をつくって、やりました。拍手喝采でした。いい通夜でした。今でも思い出します。

あれから十何年、伴さんのことをいろいろと言う人もいますけど、私にとっては、師、大いなる大先生であり、まさに師匠でした。伴さんがいなかったら、私は名古屋の片田舎で何をしてるかわからなかった。施設に入ってコツコツやってるのか、どうなってるのかわからないのです。伴淳三郎という人間に巡り合って、今日の私があるのです。それはもう絶対にそうだと思います。

人間の出会いほど不思議なものはないと言いますが、本当にそのとおりだと私は実感しております。

偶然、森繁久彌さんと伴さんに出会うことによって、社会に出られました。障害を持った人間が、昭和四一年当時に社会に出られるなんて、まさに不思議なことです。とても出られるような情勢ではありませんでした。学歴もない、何にもできない。その私を引っぱっていった伴さん、大したもんです。

私は、こうしてまがりなりにも話ができるようになり、文章もまあまあ、少しおかしい所もあるけど、書けるようになり、人と交渉もできるようになり、なんと海外まで仕事で行くんですから。もう、今の私は昔のようにはとてもできません。

原一平さんの「伴淳三郎」

私はあゆみの箱で三七年間やってきましたが、友だちのようにおつきあいした芸能人はあまりいません。今、テレビに出ている人は、いわゆるタレント芸能人と言われますが、どのへんまでが芸能人で、どのへんが素人の人なのか、私には正直なところさっぱりわかりません。昔、伴さんに聞いた話ですけども、区役所から「芸人」であることを証する鑑札が出ていたそうです。もちろん今はそんなものはありません。芸能人、言うなれば何でもこなす人でしょうか。

それは別として、いろんな仕事のおつきあいがあります。個人的におつきあいした人は、まずありません。ただ、たった一人、いろんな意味で相談するというか、してくるというか、そういう人がいます。渥美清さん、いわゆる寅さんの形態模写が一八番の原一平さんです。そ

原一平さん

っくりさんですね。早変わりして模写したり、声によってものまねをするという、そういうコメディアンです。単なるものまねじゃなく、トータルに表現する。それを最初にやったのが、この原一平さんでした。

昭和五〇年、伴さんがヤクルトホールを三日間借りて「ミニミニリサイタル五〇周年」というのをやりました。長い芸能生活の伴さんでしたから、そこには本当にいろんな人が来ました。もうほとんどの芸能人が来ました。ここに名前を上げたらキリがありませんので、記しません。ただその中で一人、失礼ですが、あまり知られていない人がいました。それが原一平さんだったのです。

フランキー堺さんという俳優であり有名なコメディアンの方がおられましたが、もともとはミュージシャンでした。映画「駅前シリーズ」で名を上げた方ですが、そのフランキーさんが、伴さんのこの五〇周年リサイタルに出演予定だったのに、突然アメリカ行きが決まって、自分が行けない代わりに、御祝儀として、ものまねの原一平さんをヤクルトホールに送ってきたのです。

たしか順番は、三波伸介さんの前だったでしょうか。原さんの素晴らしい演技というか、ものまねの披露がありまして、私は途端にびっくりしました。

「ほー、うまいねえ」

それまではものまねというと、声色的なものまねしか知らなかったんですが、コロッケさんがやっているようないわゆる形態模写をやる人というのは、今は誰でもやっていますけれど、当時は初めて見ました。最初に形態模写で感心したのは、この原一平さんでした。私は伴さんにさっそく言って、一平さんを紹介してもらいました。

そのときの私は、あゆみの箱の人間としてではなく、伴プロの人間として三日間お手伝いをしました。伴淳プロダクションの肩書の記章を胸につけたとき、伴さんは私に言いました。

「おい野田、おまえそれ、胸に伴プロのプレートを貼るのはいいけども、責任は全部おまえのところに行くんだぞ。それを覚悟でプレートをつけてるのか？　それともなんかの勲章みたいにつけてるのか、どっちなんだ」

「いいえ、私はこの記念リサイタルで、先生に少しでも以前からのご恩の何分の一でもお返ししたいということでお手伝いに来ているわけです。ですから、伴プロの一員として、その責任を果たしたい、そういう思いでやっています」

「そうか、じゃあ、わかった。それを聞いて安心した。まあ三日間、がんばってやってくれ」

そういうことで、一生懸命やりました。知った芸能人もいなかったものですから、やりやすいといえばやりやすかった。

話が横にそれましたが、とにかくそこで原一平さんと知り合いました。ちょうどそのときに奈良かおりさんがいました。スティーブ・マックウィーンのメークをやっている方の奥さんで、現在もハリウッドでメークの仕事をやっています。だんなさんが亡くなりましてから、そのだんなさんのあとを引き継いで、彼女は有名な映画でメークの仕事をやっています。その彼女がこの一平さんに目をつけまして、伴さんにさっそく進言したのです。

「来年のあゆみの箱の海外大会に、ぜひ原一平さんを連れてきて。きっとウケるわよ。渥美さんは、向こうでも人気があるんだから」

ということでした。それは、奈良かおりさんの言うとおりでした。アメリカでは第一回目のサンフランシスコから、ロサンゼルスと、海外大会を計四回やりました。

ある大会のレセプションの中休みのときに、伴さんがいきなり立ち上がって、

「みなさんどうですか、ここで一つ我々一行の中に面白いのがいますから、紹介して和んでいただきたいんですけど。それではご紹介いたします。腹が減っても原一平君を紹介します」

いきなり指名された一平さんは、びっくりしていました。でも気をとりなおし、何をしたかというと、いきなり今紹介された伴さんのものまねをしたのです。

「私ですよ〜、伴淳三郎ですよ〜」

今まで堅い雰囲気だった会場に、いっぺんに笑いの渦が起きました。伴さんの紹介と一平さんの一言で、主催者側と我々との交流はうまくいったのです。今は有名になりましたけど、そのころは名もない人でした。それがもう、超大ウケしました。懐かしい思い出です。

そのときのメンバーは、中村鴈治郎さん（当時は扇雀さん）、京マチ子さん、五月みどりさん、朝丘雪路さん、内藤やす子さん。それから沖縄舞踊団でした。

それ以後、原一平さんは、あゆみの箱の役員、理事として、一生懸命あゆみの箱のためにやってくれています。いまやなくてはならない存在です。

やすらぎ荘

伴淳三郎さんのおかげであゆみの箱事務局に入った私ですが、とにかく慣れないことをやりながら、一年が経ったときでした。福岡であゆみの箱の九州大会を開こうということになりました。ＲＫＢ毎日という放送局の事業部が主催者になってくれました。

出演者もなかなかでした。当時世話人の代表の一人であった評論家の秋山ちえ子さんが、私と同僚の中村光邦さんにこう言いました。

「私たち主要メンバーは先乗りします。あなたたちは、お勉強するつもりで、特別急行列車『霧島』に乗って博多まで来なさい」

と言われたので、私たちはそれに乗って、夜、東京駅を出発しました。今でもよく覚えています。とにかく、一晩かかって博多に着いて、そして九電ホールというところへ行きました。そのときは、伴さん、芳村真理さん、ダークダックスさん、梓みちよさんらが来ました。梓さんは、「こんにちは赤ちゃん」で、当時売れていました。

それから、九州大会を毎年一二月の暮れにやることになり、二回目、三回目と続きました。あゆみの箱が始まってからちょうど一〇年目の記念の年にも、RKB毎日放送が主催でやってくれました。

そんな流れのなかで、あゆみの箱の施設をつくろうという話が持ちあがりました。あゆみの箱の定款にも、施設を建設することが項目としてあります。早速、伴さん、森繁さんらの主要メンバーでの理事会を開催し、やってみようじゃないかという運びになりました。

この話を持ってきたのは、福岡県朝倉郡夜須町にある、知的障害の施設・野の花学園の理事長だった待島喜久大さんという方でした。あゆみの箱は、総工費二億円近いお金を使って、施設を建設しました。障害者の通所訓練施設です。その起工式が、昭和四五年に行われました。博多市の福岡市民会館で開かれた五回目のチャリティショウの後に起工式をやりました。とっても寒かったことを覚えています。

そのときには、森繁さんも出席しました。そして、森繁さんがその施設の初代理事長に就任するということも、その場で決まりました。みんな喜んでいました。ただ、私はまだ若か

やすらぎ荘

ったから、それほど関心は強くありませんでした。ただ、こういったものをつくって、後の運営はどうするのだろうか。そんな思いがあったことはたしかです。

結局その不安が、現実の問題として降りかかってきました。建設から一年、運営費が当時のお金で二〇〇〇万円かかるということです。あゆみの箱は、この二〇〇〇万円を出そうと思えば出せるのですが、あゆみの箱の募金は、全国から集められた募金です。ですから本来は全国に配分しなければならないという大きな使命があります。この二〇〇〇万円をやすらぎ荘だけのために毎年使っていけば、必ず問題は起きてきます。

そこで、緊急会議を開き、「どうしたもんだ」ということになりました。当時専務理事だった松山善三さんから提案があって、森繁さんが県庁に行って県知事に相談し、県や福岡市の有力者の方々に運営を肩代わりしていただくようお願いしてはどうかということになりました。

私と森繁さんは飛行機で福岡へ行き、県知事にそのことを陳情しました。知事は、「検討しましょう。森繁さんやあゆみの箱の方々のせっかくのお願いだから、検討して、できるだけのご協力ができるよう考えましょう」ということになりました。

そして、協力者にも集まっていただいて、森繁さんに代わって理事長をやってくれる方がいないだろうかということになりました。当時、社会福祉法人夜須高原福祉村「やすらぎ荘」の役員の中に、西日本新聞社社長の福田利光さんがいらっしゃいました。福田さんは、「森繁さん、何だったら私がやりましょうか」と、名乗ってくださいました。森繁さんは大変喜んで、「ぜひぜひお願いします。あゆみの箱はできるだけ協力しますから、お願いします」と、話がとんとん拍子に進みました。

やすらぎ荘のチャリティ大キャンペーンが西日本新聞の手によって行われ、たくさんの協賛金が集まってきました。そして福田さんは理事長に指名され、森繁さんは退任しました。

あゆみの箱がその土地以下すべてを、夜須高原福祉村のやすらぎ荘に寄贈しました。そして、現在に至っています。二〇〇二年で三〇周年を迎えました。あゆみの箱創立から一〇年後に建てた、あゆみの箱の唯一の施設です。

平成一四年二月一七日、私は帝国ホテルに行きました。三〇周年を迎えたやすらぎ荘のことを取材するためです。西日本新聞の記者と、東京支社の代表の方がいらっしゃいました。取材の目的は森繁さんです。私は森繁会長に会うのは、久しぶりでした。私の携帯用酸素ボンベ姿を見て、以前にもお会いしているのですが、森繁さんは忘れられたのか、「どうしたんだ、どうしたんだ」と、さかんに聞いていました。また、森繁さんらしいジョークで、「花粉症にかかったのか」とも言っていました。

私も久しぶりに会長に会って、とても心がなごみました。取材終了後に森繁さんと食事でもしようかということになったのですが、持病の足の痺れがあったのでお断りして帰ったときに、森繁さんはとても寂しそうな顔をなさったのが印象的でした。森繁さんに悪いことをしたと思い、お会いできた喜びと、引っ越しやいろんなことで大変だったことを手紙に綴って出しました。

一週間後、森繁さんから返事の葉書が来て、「一生懸命の君の姿にいつも喜んでおる。これからも一生懸命がんばってくれ」と、そんな内容が書いてありました。

【資料】

あゆみの家「やすらぎ荘」完成

やすらぎ荘落成讃

森繁久彌

師走というに
雪緋々と舞うというに
夜須の山なみに
春の息吹がみなぎる

やすらぎの白き館は
山頂に忽然と生命を得たり
高き塔は雲に乗って飛ぶがごとく
有明の海筑後の標野《しののめ》の果てに
輝きてあり

人の心の広く
人の心のあたたかく
浄財は型をもって
傷つける少年の前に
痛める母の胸に
恩愛の両手をひらく

ここに集う人よ天をあおげ
そして手をつなぎ乍ら
生きるものの苦しみを
悲しみを越えて
今日あることのあかしを語れ

（一九七一・一二・八　落成式の当日　やすらぎ荘にて）

去る昭和四五年十一月十五日「あゆみの箱」チャリティショウ九州大会の翌日、鍬入れ式を行ったあゆみの家「やすらぎ荘」が、このほど完成、ちょうど一年目の昭和四十六年十二月八日現地において竣工式が挙行されました。

鍬入れ式の当日は、ちょうど大会に出演していた当時の伴代表理事、森繁常務理事ら多数の参加芸能人と、RKB毎日放送中島社長、西日本新聞福田社長らに交って園田元厚生大臣夫人らもこれに参加され、折悪しく強風の吹きすさぶ山上で厳粛にとり行われましたが、いよいよ完成してみると、木一本無かったあの丘の背に、信じられない位い美しい姿で立ち、丘陵地帯のふもとを走る朝倉街道や、鹿児島本線の車窓からも、二日市をすぎると陵線に美事なその姿態をとらえる事が出来るようになりました。

日本国中の善意と、関係者一同の、ひそかな夢が実って出来た、この「やすらぎ荘」は、わが国には数少ない心身障害児（者）とその家族のための保養所で、さきにあゆみの箱が協力して東京三宿に出来た「重症児療育相談センター」の機能と、考え方を拡大して、一歩、夢に近づいた施設で、三宿の「相談センター」で、在宅の重症児を抱いて途方にくれていた親たちが、はじめて心を開いて語り合い、救いへの具体的な門口にたどり着くことが出来た。その人たちを、こんどはさらに美しい自然の中へ開放して、だれはばかることなく保養しながら、療育のための相談の機能をあわせ持つような……そんな施設にしたいと夢見ています。

開館は四十七年四月。

■土　　地　二七・二九〇平方メートル（八二七〇坪）
■建　　物　一七〇四・四六平方メートル（五一五・六坪）
■収容人数　三六名（原則として一室一家族）
■設　　備　六畳平均の和室一八室、大浴場、大食堂、医務室、多目的ルームなど
■所在地　福岡県朝倉郡夜須町大字三箇山字北ヶ谷五〇八

あゆみの箱と諸施設の関係

昭和四一年にあゆみの箱に入り、私が初めて会った施設の代表者は、重症心身障害児を守る会の会長・北浦雅子さんです。最初は北浦さんのご主人が会長だったのですが、五年ばかりして他界され、そのあとは雅子さんがずっと会長を務められています。

重症児を守る会は、世田谷区三宿の国立病院の横にあります。今は東京都の依託事業もやりながら、大変立派な施設になっています。

しかしその前身は非常に貧しく、国も認めていないまったくの任意団体でした。神谷町に小さな事務所があり、そこで障害児を持つお母さん方がいろんな意見を交換しながら、政府に働きかけていました。あゆみの箱とはそのころからのおつきあいです。昭和三八年ごろ、あゆみの箱ができました。そしてこの守る会もできました。

あゆみの箱から二六〇〇万円、その他全部で一億円以上で、世田谷の三宿に重症児を守る会のセンターが昭和四四年に完成しました。そのとき、森繁久彌さん、大友柳太朗さん、トップさん、伴淳三郎さん、いろんな芸能人がお祝をしました。この模様はＮＨＫの夜の七時のニュースでも大きく放送され、大変反響をよびました。

重症児を守る会の応接室の壁には、伴さんと森繁さんの合作の作品がかけられています（14ページ）。絵は伴さんの作です。そこに森繁さんが、「あゆみ、あゆみ、ボクもあるく、君もあるこう、青い空のもと、太陽は、誰の上にも、輝く」という詩を書きました。

二九年後、施設が古くなり、建て替えることになりました。建て替えで、伴さんと森繁さんの壁画を壊すのは忍びないということで、今でもロビーに飾ってあるそうです。

北浦さんには、ずいぶんいろいろ御指導いただきました。今は北浦さんの会は、大変幅広い運動をやっておられます。

それから、富山市の西金屋町というところに、めひの野園という自閉症児の施設がありまず。こちらも大きな施設です。自閉症の施設として順調な運営をされています。中田勉さんという私の昔からの知人がいます。中田さんは最初は富山県の職員をしていましたが、デンマークに留学して福祉関係のことを勉強されました。帰国後、自分のところでもデンマークで学んだことに近いものをやりたいということで、おやりになったのが始まりです。最初は県立のセーナ園という施設を開き、園長としてがんばられました。それに飽き足らず、社会福祉法人めひの野園をつくられ、最初は小さかったのですが、今は大きくなり、相談センター、支援センターも兼ね備えたすばらしい施設になりました。

今現在、社会福祉法人めひの野園は、園長が中田勉さんです。

あゆみの箱は、毎年、芸能人を慰安会に送っております。二〇〇二年はアグネス・チャンさん、二〇〇一年は漫才の内海桂子さんに行っていただきました。その前はトップさん、いろんな人に毎年行ってもらっています。

刺繍で有名な戸塚協会の主催で日本橋三越で展示会をやったときに、障害者の展示会も一緒にやったこともあります。これは大変評判がよかったです。

そのとき、島津貴子さんがお見えになり、めひの野園の機織りをやっている方に非常に関心をもたれました。そのことを私宛ての手紙に「本当に印象に残った」と書かれました。

その他の施設に関係することでは、共同作業所があります。これは新しくできた社会福祉法人きょうされんです。

小規模作業所というものが、全国に五〇〇〇か所もあります。みんな無認可の作業所です。今は不景気だし、働く場がない、就職ができない、身障者ゆえに働けない。それで、空き地や借家を利用して、商品をつくったり、お菓子をつくったり、段ボールをつくったり、箱をつくったり。大企業や町工場の下請けをやったり、いろんなことをしながら生計を立てている小規模作業所です。

そのもとじめが、全国共同作業所、きょうされんです。これをまとめているのが藤井克徳さんです。目が少し不自由なんですけれども、東大を出られた頭のいい方です。トップさんが議員になって一年目に私に紹介してくれました。

今の事務所は中野の生協の二階にありますが、当時は小平市のあさやけ作業所の中にありました。そのときには中古ではありましたが、ライトバンをあゆみの箱から贈りました。

それから、毎年、千駄ヶ谷の東京体育館で行うバレーボール大会の商品や障害者のクイズの商品提供など、小さなことですが、あゆみの箱が協力しております。そんなことを介して藤井さんと仲良くなり、いろんな障害者の情報をいただいています。

私がいちばんよく相談するのは、この藤井さんです。藤井さんの名は、福祉の世界では名前を知らない人はいないほど有名な方です。

あとは、東京都社会福祉協議会、それから東京善意銀行を通じて、チャリティーの招待の方をご紹介したりしています。

今のところはきょうされん、北浦さん、藤井さん、めひの野園の中田さん、あとは私の友だちの小川建夫さん。小川さんは、自分の息子が自閉症であることから、なんとかそういう人たちを救えないかと、桑名市に自閉症の収容施設をつくりました。今は大変な経営難に陥っています。でも彼は一生懸命それを補うために、給食センターをつくったり、ラーメン屋をつくったりして、なんとかうまくやろうと懸命です。

施設をつくるということは、大変お金のかかることです。でも、つくるのは簡単ですが、実はそれをいかに運営するかが問題です。

VIPに会った思い出

何人かのVIPの人たちに会ったお話をします。もう、三〇年くらい前のことです。佐藤総理が、総理大臣をお辞めになって、ノーベル平和賞をもらわれました。

今の竹下登元総理邸が佐藤さんの家でしたから、その佐藤元総理の家に招かれまして、私と伴さんが行ったことがあります。

総理の奥様の佐藤寛子さんはそのときはいらっしゃいませんでした。「今日は家内は留守だ」と佐藤総理。そして、伴さんから佐藤総理を紹介されました。目がぎょろりとした、なかなかの二枚目で役者のような方でした。いろんな話をしているうちに、佐藤総理は、私にこんなことも話されました。

「君、髪の毛を後ろへ長くのばしたらどうだ?」

そのころ、髪の毛を長くのばすのが流行っていました。総理も髪の毛を長くしてらっしゃいましたので、そんな話になったのでしょう。一時間くらいお茶を飲みながら話をして、キリのいいところで伴さんと帰ることにしました。

庭のきれいなお家でした。玄関に出て靴を履こうとすると、なんと佐藤総理は、わざわざ土間へ降りて私の靴を揃えてくれたのです。それを見た伴さんは、

「ほう、野田は大したもんだよなあ。天下広しと言えども、佐藤総理に履物を揃えてもらうなんて、おまえくらいのものだろう。幸せもんだなあ」

と言いました。総理は、ニコニコ笑ってました。私は「ありがとうございます」と言って、靴を履こうとすると、靴べらも取っていただきました。そのようにして佐藤総理の家を辞しました。

そのときは、特にこれといった話もなく、ただ総理をお辞めになったあとでの表敬訪問というようなものでした。

そもそもあゆみの箱の運動が始まったときに、箱の第一号を置いていただいたのが、総理官邸でした。そんなこともあって、ときどき総理官邸へ招かれ、食事をごちそうしていただいたり、いろんなことをしていただきました。

あゆみの箱は、過去二〇年前には、伴さんの関係で日本船舶振興会（現日本財団）から、毎年三月に一〇〇万円の寄付金をいただいてきました。私はあゆみの箱の代表として船舶振興会を訪ねました。そうすると必ず、笹川良一会長は私の手を握って言うのです。

「今日、今年一年のパワーをおまえにやるから、しっかり手を握れ」

「はい」

笹川会長は私の手を握って言いました。

「うーん、よし、これでもう大丈夫だ、今年一年は。がんばれ。君はね、障害者のためにやっている、美しい運動なんだから、がんばってやらにゃよ。じゃ、今日はこれでおしまい」

そんなふうに元気な方でした。笹川さんがどういう人であったかは、みなさんの方がよく御存知でしょうけど、私にとっては大変な協力者でした。

また、田中角栄元総理にもお会いしました。何かのイベントで、ある企業からの寄付金の受け取り式がホテルニューオータニでありました。それで、あゆみの箱の理事であるシャンソン歌手の石井好子さんと一緒にニューオータニに行きました。石井さんは、シャンソン界の大御所です。お父さんは石井光次郎さん。大臣などの要職を務められた大物政治家のお嬢さんです。

その石井さんとホテルの休憩室に行きますと、やはりそのイベントの主催者側から呼ばれていたんでしょう、ドカドカっと一〇人くらいの人の群れが入ってきました。真ん中には、有名な田中角栄元総理がいて、数人を従えて入っていらっしゃいました。どーんと真ん中の椅子に座って、「おい、電話しろ」などと、矢継ぎ早な指示をボンボンとされていました。

それを見た石井さんは、「先生、御無沙汰しています。石井好子です」と挨拶しました。

「おー」

「お元気ですか。御紹介したい人がいます」

「おう」

「こちらはね、私どもがやっている社団法人あゆみの箱の事務局長の野田さんっていうんですよ。一生懸命やってくれてるんですよ、あゆみの箱のために」

「ああ、そう。それはいいねえ。これからもがんばってください」

と言って握手をしました。別にこれといったことは話しませんでした。握手して、紹介していただいた、それだけのことでした。

ただ、その話しぶりを二〇分くらい聞いていただけでも、すごい人だなと思いました。休む暇なくボンボンと話し続けて、その途中で支配人が挨拶にくると、「ここは、一日何人の人が入るんだ」「だいたい客単価はいくらなんだ」「それでどのくらいで、どうなんだ」と、そんなことばかり聞いていました。この方は政治家だけでなく商売人としてもすごいのではないかなと思ったりしました。やはり大した方です。

左から小泉さん、私、トップさん

それから今の総理大臣の小泉純一郎さん。厚生大臣のときにトップさんと一緒に大臣室でお会いしたことがあります。小泉さんは、大変あゆみの箱運動に興味を持っておられ、また、あゆみの箱のことをよくご存知でした。ちょうど橋本内閣の消費税の問題のときで、「大丈夫かな、あゆみの箱」と、大変心配してくださいました。あゆみの箱の運動についてもさかんに聞かれたのを覚えています。「あゆみの箱は良い運動なんだから、一生懸命やってください。もし私にできることがあれば、何でも言ってください」と言われました。

あゆみの箱が催したイベントにも、一度いらしていただいたことがあります。そして、箱にも献金していただいた記憶があります。今、小泉さんは総理大臣として、日本の長として、この大変な時期に指揮をとっておられます。


多くの皇族の方にもお目にかかる機会がありましたが、いちばん親しく話してくださったのが、寛仁親王殿下です。殿下は、仙台の「ありのまま舎」の名誉会長で、トップさんはその後援会会長を務めています。

その施設長は山田富也さんという、三人の兄弟全員が筋ジストロフィーという人がいました。その三人が最初にやったことは、「車椅子の青春」という映画を製作したことです。伴さんと森繁さんにその映画のワンシーンに出演してほしいと、あゆみの箱に依頼が来たのです。伴さんも森繁さんも快諾しました。

その関係で山田さんから、一度あゆみの箱の事務局長に会いたいと、殿下がおっしゃっているということで、お訪ねしたことがありました。赤坂の御所の中に殿下のお家はあります。ちょうど豊川稲荷の横の方、青山通りのすぐそばです。あそこは中に入ると東京の真ん中とはいえ、まるで別世界です。運動場もあります。

そこへ山田富也さんと行きました。寛仁親王殿下は福祉の内情について、とにかく詳しい。福祉以外のことも、大変よく知っておられました。

「あゆみの箱は今は下降線をたどっているようだから、事務局長ががんばらなきゃだめだよ。しっかりしなさいよ」

と、ずいぶん殿下にはっぱをかけられました。その後は会う機会はありませんが、また、機会があれば、殿下に会ってはっぱをかけられたいと思っております。

その後、チャリティショウには奥様とお子さまが観にいらっしゃいました。それと、毎年春の募金にも、殿下をはじめ、各宮家から募金をいただいております。そのことをここで御紹介しておきます。

恋愛について

八重洲に事務所があったころでした。昭和四八年ぐらいでしょうか。そのとき、私は三二、三歳でした。

そのころ、あゆみの箱の事務所には女性の職員が三人いました。それに鈴石さんと私の合計五人の事務局の編成でした。理事会は年に三回ありました。森繁さん、赤木さん、三津五郎さん、伴さん、トップさん。変わったところでは明蝶さん。ずいぶんたくさん集まっていただきました。

仕事も順調で、主要大会は一か月に一回は必ずありました。私は一週間のうち半分はイベントなどで地方へ行っていました。忙しい日々でした。

また、私の健康もとても良好でした。

経理担当に平和相互銀行からの推薦でTさんという神田支店に勤めていた女性が来ました。彼女は私よりも三つ歳下でした。とてもしっかりした女性で、形容がちょっと難しいのですけれど、いわゆる典型的美人ではないが、どちらかといえば個性的な美人でした。

私の周囲は、なかなかいい女性だと噂していましたが、私はそういうことには無頓着で、普通につき合っていました。

ところが、こんなことがありました。募金箱の回収や力仕事を担当してもらっていたA君というアルバイトの男性がいました。そのA君が経理のTさんに非常に熱心で、いろいろアプローチしていました。A君は劇団に所属していて、渋谷で劇を公演するからそれを観にきてくれとか、さかんに言い寄っているのが、私の机まで聞こえてきました。

そんなことで気になったのか、私も改めてTさんのことを意識するようになりました。すると、おとなしいし、きちんと経理もやっているし、とてもいい人だと思い始め、あの人がぼくのお嫁さんになってくれたらいいなという、淡い願望のようなものが出てきました。三〇を過ぎて、障害者といえども私も人並みに結婚したいという願望が心の奥底にあって、そんな感じでTさんを見るようになりました。

しかしそれをどのように表現していいか、どうアクションを起こしていいかわからなかったし、また、現実的なことは何も考えていませんでした。

そんなある日、事務局で旅行に行くことになりました。場所は、伊豆の下田近辺です。それまで事務局にいた女性たちはなぜか辞めてしまって、そのときは鈴石さん、Tさんと私のたった三人だけの旅になりました。

部屋は女と男の二部屋でした。一日目は、食事をTさんの部屋で三人一緒に食べました。珍しくTさんは、私にお酒を注《つ》いでほしいと言いました。私はびっくりしました。一般の素人の女性に酒を注いでくれと乞われたのは初めてでした。少し戸惑いを感じながらお酒を注ぎました。

三杯ぐらい注ぎました。四杯目でぼくは注意しました。「もう止めたほうがほうがいいよ、頭が痛くなったら大変だから」。

そうして、食事が終わり、そのあと散歩に行くことになりました。二人で下田の海岸の方へ歩いて行きました。海は真っ暗。ときどき波の音がしていました。彼女は波打ち際に座って、じーっと遠くを見ていました。私はその真後ろに立って、満天に輝く星と、ときどき波間に光る舟の漁火《いさりび》をただ何も考えないで見ていました。

彼女はじーっと海を見ていました。何を考えているんだろう。後で聞いたことですが、女性が男性を誘って夜の海を一緒に見に行くということは、何か重大なことを打ち明けるというのは本当でしょうか。そんなことは後になってから聞いたことです。そのときはぜんぜんわかりませんでした。

やがてそれらしい話もなく、部屋へ戻ってテレビを見ることになりました。テレビの前にはこたつがありました。ちょうど一一月の終わりごろだったので寒かったのを覚えています。こたつの横には布団が一枚敷いてありました。鈴石さんは自分の部屋へ戻ってグーグー寝ている様子でした。まだ九時ごろだったので、テレビも見たかったし、そのままTさんの布団の横のこたつに入ってテレビを見ました。そしてトランプをやろうということで、二人でトランプを始めました。しばらくすると、彼女は「頭が痛いの」と言ったので、私はいつも薬を持っていましたから、部屋に行って薬を取ってきて彼女に飲ませてあげました。それからまたトランプをして少し経ってから、彼女は言いました。

「眠くなったのー」

「そう。じゃあ、寝たほうがいいよ」

彼女はこたつの横の布団に寝ました。ぼくは仕方なく、こたつに入りながら、すぐ目の前のテレビに見入っていました。彼女は、布団の中からテレビを見ていました。私は、あんま

り長居してもいけないなあと思って、

「それじゃあ、ぼくも眠いから寝るよ。じゃあ、また明日。風邪ひかないようにね。もう戸は開けるんじゃないよ。いろんな人が出入りする、泊まってる人が多いんだよ」

「わかってます」

と彼女の声を聞いて、私は部屋を出ましたが、何か忘れ物をしたような気がしてなりませんでした。彼女の部屋の戸を閉めました。何という気持ちだったでしょうか。空気が寂しいような、何かものを忘れたような、自分の気持ちのありようがよくわかりませんでした。

あのときの私の心の中は、私には文学的な表現はとても無理なので言い表すことができません。私は部屋に帰り、お風呂に入り、頭を洗いました。

ところが頭を洗ったのはいいのですが、お湯が温泉水だったので、アルカリ性か何かで、セメントで頭を洗ったみたいに髪の毛がカッチカチになってしまったのです。困ってフロントに電話をしたら、「温泉のお湯で頭を洗ったらだめです。普通のお湯で頭を洗いなさい」と言われました。それでやっと頭を直して寝ました。

あくる日、顔を洗うのに彼女の部屋の前を通ったとき、彼女はもう起きて本を読んでいました。

「おはよう。眠れた？」

「はい、眠れました」

「そう、よかったね。頭は？」

「治りました」

そして、彼女の部屋で食事をして、観光バスに乗ってシャボテン公園に行きました。バスでは、私はいちばん前の席に座りました。彼女は私の横に座りました。でも、もう話すこともなく、ただ黙って私の横に座っていました。そして、三日間続いた旅は終わりました。

後日、旅行の写真ができあがってきました。その中に彼女が一人でサボテンの隣に立っているとてもきれいな写真がありましたので、「Tさん、悪いけど、この写真、一枚いただける？」と言ったら、じーっと私の顔を見据えて、「はい」。

「じゃ、いただくね」

何か意味があるのかないのか、私の顔をじっと見ていました。今となっては、あまり詳しく詮索はできません。とにかく私にとって何とも言えない一晩でした。結局は何にもなかったんですけれど。

私はだんだんと思いが募って、Tさんに一通の手紙を書きました。俗に言う付け文です。

「結婚してほしい」と書きました。そして一週間後、彼女から手紙がきました。完全なお断りでした。自分には好きな人がいると。あとでそれは嘘だったということがわかったのですが、そのときはそれが断りの理由でした。

しばらくして、彼女は事務所にあゆみの箱の募金を持って来てくださっていた店の人と知り合って、とんとん拍子に結婚しました。

その結婚式は、横浜の日航ホテルで行われました。私は黒の背広を着て、白いネクタイをして、お祝いを持って行きました。しかし、とても出席する気持ちにはなれませんでした。お祝いを渡し、芳名帳に名前を書いて、「私、仕事がありますので」と言って、帰りました。「ちょっとでも出席して下さいよ」と言われましたが、私は固く辞退して、日航ホテルの外に出ました。外に出て思いました。

自分が障害を持つ人間であるというその意識が、やっぱり何かをしようとするときに壁になるのです。

障害者の結婚は、やっぱり障害者同士でないとうまくいかないのでしょうか。障害者が一般の女性と結婚するということは、非常に難しいことだとつくづく思いました。では、障害者同士の結婚は一見たやすいようですけど、私にも障害者の女性の方からのお見合いの話がたくさんきました。二度ばかりお見合いをしましたが、結局はうまくいきませんでした。お互いの姿、傷、それらを見つめ合って、お互いに苦労話をして、それで終わりです。

私は今、結婚していません。結婚していても一緒には暮らしていません。でも戸籍は入っています。毎日顔を合わせるわけではありませんが、私の大きな心の支えになっています。

詳しい話は、もう止めにしましょう。人間は結婚したって結局は一人だと思います。かえって楽しい家庭を持ったりすると、それに足を引っぱられてしまって、他に何にもできなくなるような気もします。難しいですね。

私の恋愛はこれぐらい。あんまり人を好きになったことがないので、よくわかりません。ただ、六〇歳になって思い出すのは、あゆみの箱の事務所に来たTさんのことと、そして今一緒に暮らしてはいないけど妻と、それからもう一人、ブラジルで風邪をひいたときにその場でセーターを脱いでぼくに着せてくれた彼女がいます。この三人の女性のことが今でも思い出されます。

愛するということ、現実としての幸せ、障害者の結婚問題、どれも難しいです。障害者同士が結婚することは簡単かもしれませんが、障害者と健常者が結婚するということはお互いの理解を超えたところにあると思います。「好き」というだけでは、とても解決できる問題ではないと思います。

私はあまり温かい家庭生活を知りません。両親と早くから別れて暮らしましたので、家族の団欒というのをあんまり知らないのです。常に私は一人でしたから。

今でも仏壇だけは私の部屋においてあります。お仏壇があるということは、私が野田家の後継ぎだということです。私がやがて死んだときには、この仏壇は誰の手に渡るのか。弟のところに行くのか、姉のところに行くのか、それはわかりません。

ちょっと寂しい話になってしまいましたが、私にとっての青春は、あまりいい思い出はありませんでした。ただ、下田の海岸でTさんが遠くの海を見つめたとき、何を思い何を考えて見ていたか、そして、今ごろわかったところで、時間が戻るわけでもありません。

今日は自分のささやかな恋愛のような気持ちについて、お話ししました。もう深夜です。今日はとても寒い。五月の中旬なのに、四月初めのような寒い一日でした。ですから体調もあんまり良くありません。明日は金曜日です。明日はどうしてもがんばって、土曜日はお休みしましょう。

引っ越し

仕事をする私

六〇歳になりましたが、四、五年前から体調が悪くなり、生来の気管支の病の後遺症で酸素ボンベが常に必要となりました。携帯ボンベによって酸素を吸いながらの活動は、とても辛いものがあります。毎日が戦いのようです。それでも、ボンベを携帯し始めた最初のころは、名古屋へ行ったり、いろんな出張をこなしてきました。ここ二、三年は、どうもそれも無理になってきました。

長年事務局で一緒にやってきた遠藤真理子さんが、二〇〇二年の正月に亡くなってしまいました。脳内出血でした。事務のすべてを遠藤さんにまかせていた私は、あとのことはさっぱりわからなくなってしまいました。前の経理のKさんにやっと連絡をつけて、「なんとかやってくれないか」と懇願しましたが、断られてしまいました。経理のことなので、知らない人じゃ困りますので、誰がいいだろうかと悩みました。

現在はパートではありますが、谷地田さんというしっかりした方が担当してくださっています。

あゆみの箱は、全国の協力者の方々に箱を預かってもらい、募金をしてもらっています。電話や手紙だけでは済まないときもあります。やっぱり直接現地へ行ってコミュニケーションをはかり、いろんなニュースの交換をして、協力者の気持ちを奮い立たせるようなことを言い、お願いをしなければなりません。そして必要ならば、芸能人の理事に行ってもらい、キャンペーンをはるなど、しなければならないことがいっぱいあるのです。

現在は、遠くへ行けば、すぐに一〇万円以上の費用がかかってしまいます。泊まりになれば、一〇万、二〇万はあっという間にかさんでしまいます。つもりつもれば、それが何百万にもなってしまいます。結果的に、それが認められる例と、ぜんぜんだめな例が出てきます。

実際に、このあいだも福島で全国麺業青年連合会代表者会議の総会があったとき、私は行きませんでした。私が行けば、足が悪いのでタクシーに乗ったり、グリーン車に乗ったりしなければならず、ふつうの倍以上の費用がかかってしまいます。だから私はやめました。

しかし、自分で言うのもおかしいですが、あゆみの箱の運動が始まって四〇年、その三七年間、私はあゆみの箱一筋に生きてきました。したがって、各地区の人たちとのつながりはきちっとできているし、また固いパイプもあります。一朝一夕ではつくれない、すごいパイプです。これは亡くなった伴淳三郎さんがつくってくれたパイプです。それを私がそっくりそのまま、決して離すまいと、しっかりと地方へのパイプを維持してきました。

しかし、それも限界かもしれません。やっぱり電話や手紙じゃだめなのです。たまには顔を出し、「あーだ、こーだ」と話をすることによって、また次の活動が始まるのです。そんなことは、わかっていることです。しかし、現実には、それをするには経費がかかります。その矛盾の中で、今まで私はやりくりしてきました。

以前、私が行かなかったとき、麺業青年会の総会でみんなは「野田さんは、どうした?」「おれがこういう大会に出てくるのは、野田さんの顔が見たいからなんだよ」「野田さん、どうしたんだろう。体が悪いんだって? 長い間、野田さんががんばってやってるからおれもやってるんだよ」と、口々に言ってくださったそうです。

私はそれを聞いて、嬉しいというよりも恐い気持ちがしました。私はあゆみの箱の一つの歯車なんだ。「病気だ。ここが痛い、あそこが痛いっていうことで休んでいたのではだめなんだ」。そんなことを思いながら病院の中で焦っていました。

やっと退院したのに、また具合が悪くなって広尾病院に入院してしまいました。その病院にも電話がかかってくる。看護婦さんに怒られながら、事務所へ電話をする。そんな入院を年に二回や三回はしています。

どうしても事務所に行かなければならないときは、病院から直行して行きます。今は病気も少しやわらいだので、自宅で体を癒しながら、また事務所へ通い始めました。

今年は、とうとう住友銀行から事務所提供終了の話がやってきました。

「もう出て行ってください。もう、ぎりぎりなんです。不良債権とかいろんな問題が起きて、もっとリストラをやらなければならないんです。もうあゆみの箱の面倒は見られないんです」

まったくそのとおりかもしれません。銀行さんだって、ぎりぎりまでやってくれたんだ。この話に反発なんかしてはいけないんだ。今までのことに感謝して、出ていかなきゃいけない。そう思って、

「わかりました。でも今すぐと言われても、とてもできません。一年だけ待ってください。来

年の春、三月までには必ず出ていきますから」

と、住友銀行の本社の偉い方にお会いしてお願いすることになりました。

あゆみの箱代表のトップさんと一緒に住友銀行本店の広報部長にお願いに行きました。そして、二〇〇二年の三月三一日までに引っ越すという結論が出ました。思わずトップさんとため息が出ました。けれども、もちろんこれは仕方のないことですし、今までのご協力に対する感謝は言い尽くせません。

あの日も、寒い冬の日でした。それからあっという間に一年が経ちました。その一年の間に、経理は会計士に依託し、事務所のほうは万全の体制を整えました。

これからの思いは厳しい

今日、三崎千恵子さんから電話がありました。三崎さんは今年（二〇〇二年）八〇歳になられるそうです。電話口でどうも元気がないので、「どうしたんですか」と尋ねたら、柳家小さん師匠が亡くなったことを大変嘆き悲しんでおられました。師匠は三崎さんの良き相談相手だったらしいのです。三日月党という市川右衛門さんの会のメンバーで、そこで師匠とのコミュニケーションがとてもよかったということでした。だんだん年老いた自分の仲間たちが逝くのが、やはり三崎さんは寂しかったのでしょう。電話口の向こうで、涙ぐんでおられる姿が想像できました。

今回、四〇周年記念のあゆみの箱の大会開催については、三崎さんの強力な推進がありました。二〇〇二年九月一九日、日本橋三越劇場で開くことに決まりました。まだ内容は定まっていません。三﨑さんが「みなさんの了承を得てやらなきゃだめよ」と並々ならぬ熱意と努力をもって三越劇場にお願いし、会場の料金も減額していただけることになりました。

さて何をやるか。式典はもちろんやらなきゃいけない。今のあゆみの箱の力では、切符の売れるような方法はありません。今はどんな人が出演しても、切符が売れない状況なのです。

三﨑千恵子さん

一般の人に切符を買ってもらいたい。それには、やっぱりテレビに出ている若い芸人さんたちにも出てもらいたい。でも、あゆみの箱と関係のない芸能人を呼ぶのはおかしな話だし、日頃から、あゆみの箱に協力してくださっている方が出ないのもおかしいし。こういうジレンマと闘いながらやってきました。

日頃、あゆみの箱の活動をやっている人は大会には出演せず、レコード会社や芸能プロダクションへお願いした人が舞台に立ちます。まったく変な話です。あるときから映画に切り替えられました。映画の場合は、まだ、人は入ります。良い映画は切符も売れるし、宣伝も

あゆみの箱が制作した映画のつくられたいきさつ

日本は経済教育の面では世界の一級国の仲間入りをする状態でありますが、心身障害者対策となりますと、まだ二級国の仲間入りもできておりません。親兄弟、関係者の間からこうした人々にも光と愛の手がほしいという声が高まりました。マスコミが度々このことをとりあげて報道しました。

昭和40年に開催された「社会開発懇談会」で重症心身障害児問題がとりあげられ、親の亡き後も心身障害者が安住できる心身障害者（児）のコロニーの建設が決定し、敷地も群馬県高崎市の郊外になりました。42年度予算の中に建設費が計上されるとのこと。国立総合施設がつくられることにより、全国各都道府県でも心身障害者問題に熱を入れられ、各地別のコロニーの必要も叫ばれだしております。

「あゆみの箱映画部」は、こうした機会に何かお役に立ちたいということから、先に日本の重症児の実態を写した「明日の太陽」に引き続き、東京映画所属のカメラマン岡崎宏三氏と秋山ちえ子さんが製作の責任者となり、日航、アメリカ大使館、ドイツ大使館、デンマーク大使館、ソニー、トヨタ自動車、大洋産業、厚生省、東洋現像所、その他の協力を得まして、六月、七月それぞれ二週間ずつ、西独、デンマーク、アメリカ合衆国の代表的な総合施設を訪ねて撮影をしました。

各地でこの映画が上映され、心身障害者（児）への国民の愛の心、愛の手が集められ、一日も早く不幸な人たちにも太陽があたることを祈っています。

「心身障害者に光を」シリーズ
「あゆみの箱」映画部

No.1　明日の太陽
No.2　7,500人のしあわせ
No.3　日向丘の人々
No.4　アメリカのともだち
No.5　この手とこの足で
No.6　冬の庭

できる。やがて、映画専門の大会となってしまいました。

昨年は、天知総子さんの芸能生活四〇周年を利用させていただいて、「あゆみの箱」チャリティショウをヤクルトホールで開催しました。

今年は四〇周年記念の大会ですので、どうしても舞台でやらなければいけない。そういう使命感と三﨑さんの強力な提案もあってやることになりました。

大会では、中野区手話ダンス協会の方たちに、今度の四〇周年記念大会で一〇分間手話によるダンスをやってもらうようお願いをしました。そして嬉しいことに、切符を一二〇枚も買ってくださるということでした。これでひと安心です。また、いつも切符販売にご協力してくださるFコーポレーション（代表半田千賀子氏）のみなさんも、舞踏家灰原明彦氏の振付によるバトン&ダンスを踊ってくれることになっています。

そのことを三﨑さんに話すと、三﨑さんも大変喜んで、「私は小唄をやるわよ」と言ってくれました。

第一部、式典。第二部、協力者団体のコーナー。第三部、映画「明日の太陽」。これは、昭和四一年にあゆみの箱が製作した重症心身障害者の記録映画です。森繁久彌さんがナレーションで、歌は坂本九ちゃんです。三〇分ばかりの映画ですが、とてもいい映画です。

あゆみの箱のスライドもやります。「簡単にやらないと、おまえ、みんな退屈しちゃうぞ」とトップ代表に言われ、なるほど、そうかもしれないなと思いました。日ごろ協力してくださっているたくさんの芸能人に、舞台ではどういうふうに活躍してもらえばいいか。もし、一人一人を紹介して歌を歌ってもらったら、延々と次の日の朝まで続いてしまいます。だから、紹介するだけに決めました。

しかし、それではあまりにもそっけないし、一〇〇〇円なり二〇〇〇円なりの切符を買ってくれたお客さまには、映画とスライドだけではとても満足していただけないだろうと思われます。

とにかく、若い人が協力してくれるのがいい。しかし、今の私にはそのつてがまったくありません。伴さんやみなさんが大勢参加していたときは、テレビ局などの楽屋に行ったりして、芸能人と直接会うことができました。今はまるっきりそういう機会もないので、あゆみの箱に関わりのある芸能人だけしか知りません。仮に出演のお願いに行っても、スケジュールが合わないと、玄関払いで断られるのがオチでしょう。難しい時代になってしまいました。

さて、そんなことを言っていても何もできないので、とにかくみんなで力を合わせてやらなくてはなりません。

今も箱にはみなさんの善意が集まっています。その貴重な善意を、やはり私たちはしっかりと受け止めて、障害者に反映していかなければならない大事な使命があります。

新旧交替。芸能人もそうです。そして私自身も交替だ。いろんな問題が山積しています。若いとき、伴さんに怒られながら一生懸命走った私。あのときは夢がありました。いろんなことを考えました。

障害者専門の福祉銀行をつくるんだ。障害者には特典を与え、預金した人には利息を多くつけ、貸し付けもやり、障害者の自立を手助けできる銀行をつくろう。そんなことも真剣に考えました。大蔵省にも行きました。いろんな人に会って話を聞き、私の話も聞いてもらいました。だが、結局、行きつくところは、先立つものがないということです。何十億というお金がいります。そうしないと銀行法で許可されません。

また、雑誌の発行を考えたこともありました。「障害者専門の雑誌があったっていいじゃないか」「ああ、そりゃいいアイデアだ」。毎日毎日打ち合わせをしました。結局は、それもおじゃん。スポンサーが見つからないからでした。だが、あれから五年経ってそのような雑誌が出ています。

私は早すぎたのでしょうか。それとも、私にはそれをやるだけの力がないのでしょうか。たしかにアイデアはありました。伴さんのアイデアも素晴らしいものでした。伴さんのアイデアだけを継承してやっている私なのでしょうか。

あゆみの箱へ入ってもう三七年。わが人生の半分、いや、三分の二近くになります。今私は六〇歳で、あゆみの箱に入ったのは二三歳のときでした。それにしても長い。昭和四一年からずーっと、昭和、平成、二代にわたってがんばってきました。「あゆみの箱、あゆみの箱」ただそれだけの毎日。私からあゆみの箱をとったら何が残るんだろう。

伴さんはかつて言いました。

「おまえは野田洋典ではないんだ。おまえの姓があゆみの箱で、名前が野田なんだ」

伴さんがそう言ったことを覚えています。

伴さんは、面白い人で、いい人でした。ぼくの嫁さん探しのことを真剣に理事会にかけて、みんなの爆笑を買いました。

「今日はみなさんにお話があります。緊急動議です。野田の嫁さんについての議題を提出します」

「は？」

みんなはびっくりしていました。

「なんで事務局の野田の結婚問題を出すんだよ」

伴さんは熱弁をふるって言っていました。あの人は、そういう人なのです。公も私もないのです。あの情熱は素晴らしかった。

別に私は、自分のことを言ってくれたから素晴らしかったと言っているわけではありません。あの人はすべてがそうでした。ただ、伴さん一人だったら、それでいいのですが、いろんな人、みんなであゆみの箱を構成しています。一つの集団です。

もっとも集団といったって、「箱」の活動については、最初は伴さんがほとんどやったのは、間違いありません。伴さん、森繁さんのつくった路線を、今、みんなが受け継いでいます。二人がいなかったら、今のあゆみの箱はありません。私たちはこの箱を守って後生大事にやってきました。

問題はこれからです。高齢化にともない年長者が多くなり、この私も六〇歳になってしまい、これからどれだけお役に立つか。

とにかく、あゆみの箱創立四〇周年記念大会、これだけは、しっかりとやっていきたいと思っています。平成一四年九月一九日、木曜日。日本橋三越劇場。

四〇年、よくやった。民間のちっちゃな団体とはいってもここまでやってこれたのは、やはり地道にやってきたからだと思います。そしてそれは何よりもみなさま方の善意の大きさだと思わずにはいられません。

あとがき

当初、この本は、おこがましくも私の自伝ということで出発しました。しかし結局、書いていくうちに、当然のことながらあゆみの箱が中心の話になっていきました。

慌てて年譜をつくっていくうちに、その歴史が重くなっていきました。さて、そうなってくると、資料、写真等が絶対に必要になってきます。ところが今年の四月の引越しで、その荷物の半分以上を別の所（埼玉県八潮）に持って行っています。

私は、芸能担当の市川氏に車を出してもらい、それに乗って二往復しました。夏の暑い始まりでした。黒い倉庫で、流れる汗を拭きながらやってるうちに、私の命のつなぎの酸素ボンベが少なくなっているのに気がつき、慌てて緊急電話をして持って来てもらい、やっとの思いで、あった資料を車に乗せて今の狭い事務所に運びました。

そして、今度は箱回収の佐々木君に依頼して、これをうまく年譜として生かせるようにつくってもらいました。それぞれ仕事を持つ非常勤の彼らがいるから大助かり。こんなことでもいろんな関係者に協力してもらいました。

肝心の内容については、私の独断と偏見で書きました。私が書いているのは、事務局に入った昭和四一年五月ごろからです。それ以前のことは知りません。したがって、多くのご不満、ご批判があると思います。どうぞ、しかってやってください。

書き終えて思うことは、初めに書きましたように、私は、あゆみの箱のおかげで生かされてきました。これ一言に尽きます。これは、何遍も言いますように、伴、森繁両先生との出会いがあったからこそです。今はトップ代表をはじめ関係する芸能人諸氏と全国のみなさまのご支援があればこそです。

本当に感謝、感謝です。

最後に、私を支えてくれているスタッフを紹介します。前述の二人に加えて、谷地田（経理）、加藤（箱管理）、久保田（箱普及）、後藤（ハートリンク連絡）、私を除いて全員が非常勤です。事務局の会議はよくやりますが、箱の話になると深夜まで討論が続きます。私はいつも聞き役です。

私は障害を持っていますが、酸素ボンベの補助があれば、まだまだ大丈夫です。もう一度この運動の原点に戻ってがんばりたいと思っていますので、どうか、ご協力のほど宜しくお願い申し上げます。

平成一四年八月盛夏

野田洋典

あゆみの箱四〇年譜

昭和三八年

一二月二六日　伴淳三郎ら芸能人が小児マヒの子どもたちのために、街頭で募金活動を行う。施設を視察。

東京都募金許可第一号（昭和三八年一二月二六日〜昭和三九年一二月三一日）

昭和三九年

芸能人たちが各地で募金活動を行う。

昭和四〇年

二月六日　第一回「あゆみの箱」チャリティショウを新宿厚生年金会館で開催。

昭和四一年

三月　第二回「あゆみの箱」チャリティショウを日本武道館で開催。

五月　野田洋典、あゆみの箱事務局に入る。

一二月一日　九州大会を九電記念ホールで開催。「明日の太陽」上映。

一二月二三日　厚生省より社団法人の認可が下りる。

昭和四二年

四月九日　第三回「あゆみの箱」チャリティショウを日本武道館で開催。常陸宮・同妃両殿下、三笠宮・同妃両殿下がご臨席。

美濃部東京都知事、北療育館を視察。案内役、伴淳三郎。

五月二六日　重症児療育施設センター起工式。伴淳三郎、大友柳太朗、黒柳徹子、芳村真理。

昭和四三年
三月一日〜一〇日まで、銀座ソニービルでチャリティショウの切符を販売。
三月二三日　第四回「あゆみの箱」チャリティショウを東京体育館で開催。常陸宮、同妃両殿下、三笠宮、同妃両殿下、秩父宮妃殿下がご臨席。
八月一三日　四国大会を高松東宝会館で開催。
一一月二〇日　第三回九州大会を福岡市民会館で開催。
昭和四四年
三月一日〜一〇日まで、銀座ソニービルでチャリティショウの切符を販売。
三月二八日　第五回「あゆみの箱」チャリティショウを東京体育館で開催。常陸宮、同妃両殿下、三笠宮殿下がご臨席。
五月一九日　大阪大会を大阪厚生年金会館で開催。
六月一四日　北海道大会を札幌市民会館で開催。
九月二六日　鳥取ＪＣ一〇周年記念チャリティショウを鳥取市民会館で開催。
一一月七日　新潟大会を新潟県民会館で開催。
昭和四五年
二月二八日〜三月九日まで、銀座ソニービルでチャリティショウの切符を販売。
三月二八日　第六回「あゆみの箱」チャリティショウを新宿厚生年金会館で開催。三笠宮・同妃両殿下がご臨席。
七月二六日　ハワイ大会をハワイホノルルＨＩＣホールで開催。
八月一四日　第三回四国大会を高松市民会館で開催。
一〇月一七日　新潟大会を長岡厚生会館で開催。
一〇月三一日　北陸大会を宏正会館で開催。
第二回大阪大会を毎日ホールで開催。

一一月一四日　第五回九州大会を福岡市民会館で開催。

昭和四六年

二月二七日～三月七日まで、銀座ソニービルでチャリティショウの切符を販売。

三月三〇日　第七回「あゆみの箱」東京大会を東京宝塚劇場で開催。常陸宮・同妃両殿下、三笠宮・同妃両殿下がご臨席。

八月　ブラジル大会をサンパウロ・イビラプエラ体育館で開催。

一一月一三日　第六回九州大会を福岡市民会館で開催。

一二月　やすらぎ荘落成式。

昭和四七年

三月一一日～三月二〇日まで、銀座ソニービルでチャリティショウの切符を販売。

三月三〇日　第八回「あゆみの箱」東京大会を東京宝塚劇場で開催。常陸宮・同妃両殿下、三笠宮・同妃両殿下がご臨席。

五月三〇日　第一回中部大会を愛知県体育館で開催。

九月三〇日、一〇月一日の二日間、沖縄大会を那覇市民会館で開催。

第七回九州大会を九電ホールで開催。

昭和四八年

三月七日～二五日まで、銀座ソニービルでチャリティショウの切符販売。

三月三〇日　第九回「あゆみの箱」東京大会を東京宝塚劇場で開催。常陸宮・同妃両殿下、三笠宮・同妃両殿下がご臨席。

五月三〇日　第二回中部大会を愛知県体育館で開催。

六月三〇日　富山大会を富山県公会堂で開催。

七月七日　新潟大会を新潟県民会館で開催。

八月一七、一八、一九日　第二回ブラジル大会をサンパウロ・イビラプエラ体育館で開催。

八月二六日　第二回ハワイ大会をＨＩＣアリーナで開催。
九月三〇日　第五回北海道大会を開催。
一一月一六日　第九回九州大会を福岡市民会館で開催。
一一月一七日　第一回岐阜大会を岐阜県体育館で開催。

昭和四九年

三月一七日〜二四日まで、銀座ソニービルでチャリティショウの切符を販売。
三月三〇日　第一〇回「あゆみの箱」東京大会を東京宝塚劇場で開催。常陸宮ご夫妻がご臨席。
五月三〇日　第三回中部大会を開催。
八月一七日　秋田大会を開催。
一〇月一〇日　北海道大会を開催。
一〇月一一日　四国大会を琴平町で開催。
一一月五日　第一回集い別府大会を別府国際観光会館で別府市役所との共催で開く。
一二月一〇日　第一〇回九州大会を福岡市民会館で開催。

昭和五〇年

三月一五日〜二三日まで、銀座ソニービルでチャリティショウの切符を販売。
三月三〇日　第一一回「あゆみの箱」東京大会を東京宝塚劇場で開催。常陸宮ご夫妻がご臨席。
五月三〇日　第四回中部大会を愛知県体育館で開催。

昭和五一年

三月三〇日　第一二回「あゆみの箱」東京大会を帝国劇場で開催。

昭和五二年

三月三一日　第一三回「あゆみの箱」東京大会を帝国劇場で開催。

五月三〇日　第六回中部大会を愛知県体育館で開催。（社団法人あゆみの箱、東海テレビ、東海ラジオ、中日新聞、中日スポーツ主催、愛知県、三重県、岐阜県、名古屋市後援）

昭和五三年

三月三〇日　第一四回「あゆみの箱」東京大会を帝国劇場で開催。

五月三〇日　第七回中部大会を開催。

昭和五四年

三月三〇日　第一五回「あゆみの箱」東京大会を帝国劇場で開催。常陸宮ご夫妻がご臨席。

一〇月二七日　第八回中部大会を愛知県勤労会館鶴舞ホールで開催。

一一月一九日　九段会館における東京都社会福祉大会で表彰され、コロムビアトップ理事が出席した。

昭和五五年

三月三〇日　第一六回「あゆみの箱」東京大会を日比谷公会堂で開催。

八月一〇日　大分大会を開催。

九月八日　第九回中部大会を名古屋商工ホールで開催。

一一月二六日　神奈川大会開箱式を神奈川県民ホールで開催。

昭和五六年

国際障害者年の第一年として明ける。

三月二一日　第一七回「あゆみの箱」東京大会をNHKホールで開催。常陸宮ご夫妻がご臨席。

五月二六日　久保講堂において厚生省主催による心身障害者福祉功労者厚生大臣表彰式が開催され、「あゆみの箱」も表彰され、代表理事伴淳三郎が出席した。

一二月九日　国際障害者年記念大会。武道館において国際障害者年記念中央集会東京大会が開催され、社団法人あゆみの箱が団体の部で晴れて表彰された。当法人からは代表してコロムビアトップ理事が出席し、鈴木総理大臣から賞状を受け取った。
一〇月二六日　代表理事・伴淳三郎死亡（七三歳）。
一〇月一六日　釧路大会を釧路市文化体育館で開催。
一一月一七日　第一〇回中部大会を愛知県体育館で開催。
一一月一八日　第二回神奈川大会を神奈川県民ホールで開催。

昭和五七年

一月二一日　新宿コマ劇場において、伴淳三郎追悼公演開催。
四月二六日　「あゆみの箱」創立二〇周年。第一八回東京大会を国立大劇場で開催。
一〇月一〇日　第一一回中部大会を愛知文化講堂で開催。

昭和五八年

五月三日　第一九回「あゆみの箱」東京大会を簡易保険ホールで開催。
一〇月二二日　第一二回中部大会を愛知文化講堂で開催。

昭和五九年

三月二七日　第二〇回「あゆみの箱」東京大会を日本橋三越劇場で開催。
三月二七日～四月一日まで、「あゆみの箱」東京大会と同時同場所の三越デパートの一階中央フロアーでチャリティバザールを行った（三越協賛）。
一〇月六日　第一三回中部大会を愛知文化講堂で開催。

昭和六〇年

四月一五日　第二一回「あゆみの箱」東京大会を新橋ヤクルトホールで開催。
一〇月一九日　第一四回中部大会を愛知文化講堂で開催。
一一月二七日　チャリティ試写会「バック・トゥ・ザ・フューチャー」（ユニバーサル映画）

八月一二日　坂本九死亡（四三歳）。
を有楽町マリオン七階日本劇場で開催。

昭和六一年

三月二三日　第二二回「あゆみの箱」東京大会を五反田簡易保険ホールで開催。三笠宮殿下がご臨席。

四月二〇日　「欧風列車で行く甲斐路の旅」に都内の障害児と父母一〇〇名を招待した。JR新宿駅～中央線大月駅～バス富士急ハイランド～甲府駅～新宿駅のコースで一日の旅を楽しんだ。コロムビアトップ理事、あゆみの箱関係者、ボランティアグループが出席した。

一〇月二五日　第一五回中部大会を愛知文化講堂で開催。

昭和六二年

六月二三日　「あゆみの箱」誕生二五周年記念パーティーを銀座ソニービル八階で開催。

一〇月二四日　第一六回中部大会を愛知文化講堂で開催。

昭和六三年

五月一八日　第二三回「あゆみの箱」東京大会を新橋ヤクルトホールで開催。三笠宮寛仁親王妃殿下が女王殿下のお子さま二人とともにご臨席。

一〇月二二日　第一七回中部大会を愛知文化講堂で開催。

平成元年

七月二三日　特別試写会、映画「コイサンマン」を東京有楽町マリオン一一階朝日ホールで開催。（東京東和㈱、東通アド㈱、㈱ジャスコの協力による）

一〇月一四日　第一八回中部大会を愛知文化講堂で開催。

平成二年

四月一九日　第一回川口大会を川口総合文化センターで開催。

八月三日　特別試写会「続・赤毛のアン」を有楽町マリオン一一階で開催。秋篠宮妃殿下がご臨席。
一〇月二〇日　第一九回中部大会を愛知文化講堂で開催。

平成三年

六月一八日　試写会「キンダガートン・コップ」を上映　日比谷スカラ座。紀宮内親王殿下・寛仁親王妃殿下、彬子、瑶子両女王殿下、高円宮同妃両殿下がご臨席。
一〇月一八日　第二〇回中部グループ記念前夜祭を名鉄グランドホテルで行い、一〇月一九日、同大会を愛知文化講堂で開催。

平成四年

四月九日　第一回湯河原大会を湯河原観光会館で開催。
六月八日　「あゆみの箱」創立三〇年記念大会を東京八重洲富士屋ホテルで開催。
九月二六日　第二一回中部大会を愛知文化講堂で開催。

平成五年

七月二九日　木田三千雄死亡（八二歳）
九月一八日　第二二回中部大会を名古屋市民会館中ホールで開催。
一〇月九日　第二五回「あゆみの箱」東京大会を木村優希後援会の協力により有楽町マリオン一一階で開催。

平成六年

一〇月二三日　第二回湯河原大会を湯河原町などの後援により湯河原町中学校体育館で開催。
一一月一六日　第二三回中部大会を名古屋市民会館中ホールで開催。

平成七年

三月一日　山本紫朗理事死亡（九一歳）
一二月一二日　第三回湯河原大会を花ゆき会代表小野由紀子氏が、ホテル湯河原キャッスル

一二月一六日　で開催。

中部グループが第二四回中部大会を開催。今回は名鉄ホールで一二月公演の中村玉緒主演による「夢の通い路」の芝居を貸し切り観劇会として行った。

平成八年

七月一一日　チャリティ試写会トム・クルーズ来日記念「ミッション・インポッシブル」を日比谷スカラ座で開催。

一二月五日　第二五回中部大会を名古屋市名鉄ホールで開催。（同ホール一二月公演、大空真弓主演「三度目の浮気」）

平成九年

五月一七日　第四回湯河原大会を湯河原グループ（花ゆき会代表・小野由紀子氏）湯河原町観光会館で開催。

九月一八日　チャリティ試写会、アニメーション「どんぐりの家」をヤクルトホールで開催。

一二月五日　第二六回中部グループ大会を名古屋市名鉄ホールで一二月公演の林与一主演、「泥棒と目明し」を貸し切って観劇会として行った。

平成一〇年

六月二日　国会議事堂前にある憲政記念会館においてアニメーション映画「どんぐりの家」を上映。

一二月五日　第二七回中部グループ大会を名古屋市名鉄ホールにて、同ホール一二月公演京唄子主演、「石松道中双六」を貸し切って観劇会として行った。

平成一一年

一〇月二二日　秋篠宮妃殿下をお迎えして、チャリティ試写会をイイノホールで映画「アイ・ラブ・ユー」を上映した。

平成一二年

一〇月九日　社団法人「あゆみの箱」と㈱プロダクションフーコ（後援㈱共同通信社）が「あゆみの箱チャリティコンサート、天地総子芸能生活四〇周年フーコ四〇・夢のあとさき」を新橋ヤクルトホールで開催した。

平成一三年

八月三日・四日の二日間、東京銀座数寄屋橋交差点ソニービル前で、街頭募金キャンペーン「あゆみの箱原点に還る」を行う。これは「あゆみの箱」四〇周年を迎えるにあたって提唱者である故・伴淳三郎が芸能界の仲間に呼びかけて「小児マヒの子どもたちにお力をお貸しください」と募金箱を手に声をからして街頭募金を行ったことを思い起こして行ったものです。

故人となった理事の方々

木田三千雄
佐々十郎
黒川彌太郎
尾上梅幸
大友柳太朗
雷門助六
尾上松緑
山本紫朗
曽我廼家明蝶
志摩夕起夫
高橋圭三
坂本九
高田浩吉
伴淳三郎
坂東三津五郎
水谷八重子
和田喜太郎
引田天功

あゆみの箱　取扱い金融機関

都道府県	銀行名	都道府県	銀行名
東京都	三井住友銀行	新潟県	第四銀行
	とみん銀行	神奈川県	神奈川銀行
	東日本銀行		さがみ信用金庫
	東都中央信用金庫	静岡県	スルガ銀行
	荒川信用金庫	愛知県	愛知銀行
	東栄信用金庫		名古屋銀行
北海道	北洋銀行		中京銀行
	北空知信用金庫		豊田信用金庫
青森県	青森銀行		西尾信用金庫
岩手県	岩手銀行	大阪府	関西さわやか銀行
秋田県	秋田銀行	高知県	高知銀行
山形県	山形銀行	福岡県	西日本銀行
	荘内銀行		福岡シティ銀行
宮城県	七十七銀行	宮城県	宮城太陽銀行

「あゆみの箱」の取扱い方について

社団法人「あゆみの箱」は、芸能人を中心とした心身障害児（者）のために愛と心とお金を集める運動です。この小さな木箱に、ぜひあなたの愛の心と、しまい忘れたわずかな小銭をお入れ下さい。

また、この小箱を、あなたの職場に備えて下さい。箱はあゆみの箱本部へ「住民票」をご持参下されば預り証と引きかえにお渡しします。箱が一杯になったり、あゆみの箱本部から指示しました時は、あなたさまに便利な金融機関から本部の取引銀行へ振込を依頼して下さい。本部への通知があり次第、受領書をお送りします。協力金の配分は、理事会で慎重審議の上、決定発表します。

装幀／後藤葉子（QUESTO）
カバーイラスト／藤原ヒロコ
カバー似顔絵／藤田恵

日本音楽著作権協会出認番号／4503339号

<著者紹介>
野田洋典（のだ・ようすけ）
1942（昭和17）年、名古屋市生まれ。小学三年生のとき脊椎カリエスを患い、以降も病が重なってほとんど学校に通えなかった。1963（昭和38）年、上京。伴淳三郎氏と出会い、1966（昭和41）年、あゆみの箱事務局に入る。1982（昭和57）年より事務局長、現在に至る。症状の悪化で、携帯酸素ボンベを常時しながらの活動である。

あゆみの箱　芸能人が始めたボランティア

2002年9月16日　初版第1刷発行

著　者　野田洋典
発行人　前田哲次
発行所　KTC中央出版
〒460-0008
名古屋市中区栄1丁目22－16 ミナミビル
振替00850-6-33318　TEL052-203-0555
〒163-0230
新宿区西新宿2丁目6－1 新宿住友ビル30階
TEL03-3342-0550
編　集　(株) 風人社
東京都世田谷区代田4－1－13－3A
〒155-0033　http://www.fujinsha.co.jp/
印　刷　図書印刷株式会社

ISBN-87758-239-8　C0036